人文社科
高校学术研究论著丛刊

大学生心理健康与心理危机干预研究

张胜洪 著

中国书籍出版社
China Book Press

图书在版编目(CIP)数据

大学生心理健康与心理危机干预研究 / 张胜洪著. -- 北京：中国书籍出版社，2022.3
ISBN 978-7-5068-8951-3

Ⅰ. ①大… Ⅱ. ①张… Ⅲ. ①大学生－心理健康－健康教育－研究－中国 Ⅳ. ①G444

中国版本图书馆 CIP 数据核字(2022)第 042680 号

大学生心理健康与心理危机干预研究

张胜洪　著

丛书策划	谭　鹏　武　斌
责任编辑	李　新
责任印制	孙马飞　马　芝
封面设计	东方美迪
出版发行	中国书籍出版社
地　　址	北京市丰台区三路居路 97 号(邮编：100073)
电　　话	(010)52257143(总编室)　　(010)52257140(发行部)
电子邮箱	eo@chinabp.com.cn
经　　销	全国新华书店
印　　厂	三河市德贤弘印务有限公司
开　　本	710 毫米×1000 毫米　1/16
字　　数	218 千字
印　　张	12.75
版　　次	2022 年 7 月第 1 版
印　　次	2022 年 7 月第 1 次印刷
书　　号	ISBN 978-7-5068-8951-3
定　　价	72.00 元

版权所有　翻印必究

目 录

第一章　走进心理健康 … 1
　　第一节　心理健康与大学生心理健康 … 1
　　第二节　大学生心理健康教育 … 15

第二章　学会适应环境 … 23
　　第一节　适应概述 … 23
　　第二节　大学生常见的适应问题 … 30
　　第三节　大学生良好适应心理的培养 … 35

第三章　形成良好人际关系 … 43
　　第一节　人际关系概述 … 43
　　第二节　大学生人际关系的类型与影响因素 … 52
　　第三节　大学生常见的人际交往问题 … 55
　　第四节　大学生人际交往问题的调适策略 … 61

第四章　做好情绪管理 … 75
　　第一节　情绪概述 … 75
　　第二节　大学生情绪的特点与影响因素 … 83
　　第三节　大学生常见的情绪问题 … 88
　　第四节　大学生不良情绪的管理 … 91

第五章　塑造健全人格 … 101
　　第一节　人格概述 … 101
　　第二节　大学生常见的人格障碍 … 110
　　第三节　大学生健全人格的塑造 … 114

第六章　掌握学习奥妙 ······ 118
第一节　学习概述 ······ 118
第二节　大学生常见的学习心理问题 ······ 128
第三节　大学生良好学习行为的培养 ······ 134

第七章　体验美好爱情 ······ 140
第一节　爱情概述 ······ 140
第二节　大学生常见的恋爱心理问题 ······ 150
第三节　大学生健康恋爱心理的培养 ······ 158

第八章　直面心理危机 ······ 165
第一节　心理危机概述 ······ 165
第二节　大学生常见的心理危机 ······ 174
第三节　大学生心理危机的干预 ······ 178

参考文献 ······ 191

第一章　走进心理健康

健康是人生的第一大财富。随着社会的发展与进步,人们逐渐把健康与社会进步联结在一起,渴望健康这一人生最大的财富。传统观点认为:健康是指人体生理机能正常,没有缺陷和疾病,即"无病就是健康"。随着现代科学技术的进步,现代医学的发展以及大量的医学实践表明:越来越多的疾病并不是由纯粹的生理因素造成的,而是由心理因素造成的。

第一节　心理健康与大学生心理健康

一、心理健康

(一)心理健康的概念

健康既包括生理方面,也包括心理方面。一个人如果心理上不正常,那么即便他身体上没有疾病或缺陷,仍然不能算是一个健康的人。心理健康是指一种持续的、积极发展的心理状况,在这种状况下,主体具有良好的适应力,能充分发挥身心潜能,而不仅仅是没有心理疾病。从生理角度来说,心理健康有利于保存与延长生理学寿命;从个人发展角度来说,心理健康能促进个体创造最有价值的生活,适应和改造环境,使个人身心潜能得到最大的发挥。

(二)心理健康的特点

心理健康的特点如图 1-1 所示。

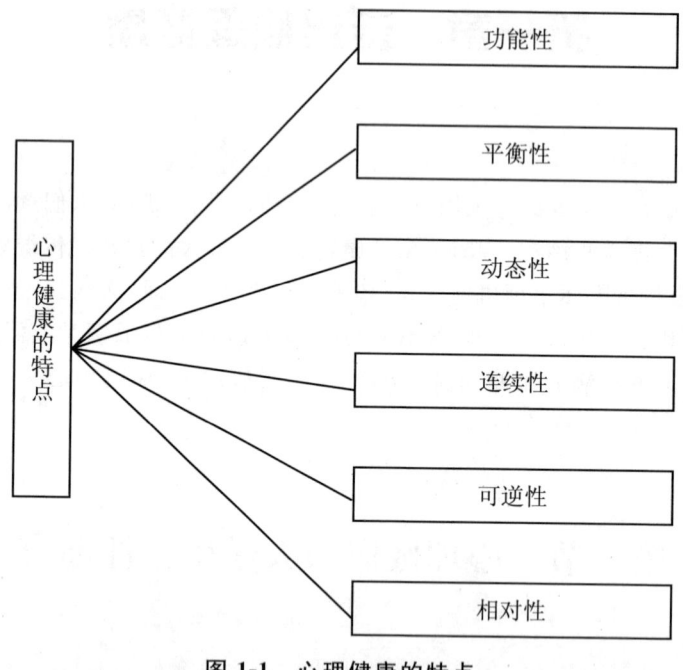

图 1-1　心理健康的特点

1. 功能性

心理健康的功能性指的是一个心理健康的人,是具备一定的社会功能的,比如,能够生活自理,能够正常地与人交流,能够良好地进行学习和工作。总之,从整体上来看,心理健康的人能够较为良好地应对社会生活,这是一个心理健康的人所具备的社会功能。

2. 平衡性

心理健康中的平衡指的是一个人具有调节自己心理状态平衡的能力,即便在某些时候会觉得状态很差,但是能够在一定时间内通过自我调节恢复到一个正常的水平,这样的人就是具备心理平衡能力的人。

3. 动态性

即便是完全没有任何心理问题的人,其心理状态也不是保持在一个完美或者较为完美的水平上没有变化,而是能够通过不断地调整,将自我的心理状态保持在一个相对稳定、相对较为理想的水平上,所以说,心理健康具有动态性功能。

4. 连续性

我们通常所说的心理健康和心理不健康并不是两个绝对的对立面,二者经常是一种连续的状态。从良好的心理状态到不健康的心理状态之间往往是渐进的和连续的,如果个体刚开始对不良的心理没有重视,那么慢慢地这种心理状态就会最终导致心理不健康的状态。所以说,心理健康具有连续性的特点。

5. 可逆性

如果个体在平时非常不注意自己的心理问题,在发现出现一定的问题之后也持有忽视的态度,那么长此以往,该个体的心理健康水平就会下降;相反,如果个体在受到心理问题困扰时能够及时对待,并且想方设法进行一定调节和寻求心理咨询的帮助,就会很快消除烦恼,恢复健康的心理。所以说,心理健康具有可逆性的特点。

6. 相对性

人的心理健康具有相对性,与人所处的年龄、时代、环境、文化背景等方面的因素有关,不能单纯从个体的某一个行为或者动作就判断其心理是否健康。例如,有一位大学生平时性格开朗,和同学的关系很好,可是在一段时间内突然情绪低落,也不愿意和别人多说话,那么我们不能因此而判断这名大学生心理有问题。经过对该名大学生询问之后才知道,她之所以会这样是因为家里有人去世,所以心情才不好,在了解了原因后,我们就会认为这名大学生的表现是正常的。由此可以看出,心理健康具有相对性的特点。

(三)心理健康的原则

概括来说,心理健康应遵循以下原则。需要指出的是,以下两个原则是心理健康的最基本原则,缺少任何一个原则,心理健康都是病态的(图 1-2)。

```
心理健康的原则 ─┬─ 快乐原则
              └─ 现实原则
```

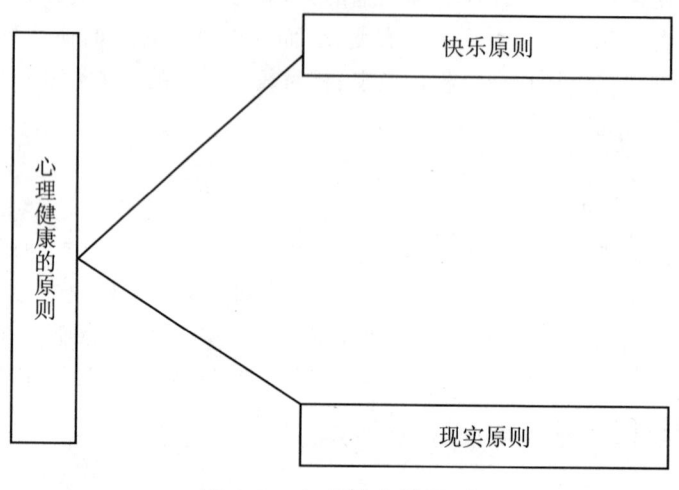

图 1-2　心理健康的原则

1. 快乐原则

快乐原则是衡量一个人心理是否健康的重要法则。无论是工作、学习还是待人接物,都是靠内心体验来调整行为的。强迫症患者屈从于强迫性的需要,行为拘谨刻板,以程式化的方式对待身边的人与事,过分追求完美,这显然是本体感觉出了问题。当一个小孩子为了博得大人的好感,违心地表达自己的真实感受时,千万别太早地为孩子的懂事而高兴,你得留意这个孩子的心理健康。过度地早熟与懂事会压抑孩子的本体感觉,这不完全是好事。只有行为中的愉快真正来自本体而不依赖于他人的评价,利他行为才能成为健康行为。

2. 现实原则

自我感觉很好的人不一定健康。比如,一些自私自利的人,整天以自我为中心,认为自己的感受是最重要的,所以一切都从自身出发,凡事都先考虑对自己是否有益,完全不考虑他人的感受及对他人的伤害。这些人很快乐,但他们的心理并不健康,因为衡量一个人的心理是否健康,除了自我感受外,还必须考虑其社会适应性,一个人的心理活动与外部环境是否具有同一性。

(四)心理健康的标准

心理健康的标准主要包括以下几方面(表1-1)。

表1-1 心理健康的标准

心理健康的标准	具体阐述
智力正常	智力是心理活动的认知功能表现,良好的智力水平是保证个体取得成功的一个重要基础。只有智力正常的个体才能更好地适应环境,才能更好地生活和工作,也才能最终取得成功。
情绪稳定乐观	情绪对一个人的心理健康具有重要的作用,拥有良好情绪的人思维敏捷、记忆力强,凡事都充满信心,而拥有不良情绪的人往往记忆困难,思维混乱,凡事都有一种悲观失望的心理。情绪乐观稳定的人会拥有良好的自制力和自控能力,能够合理调节自己的情绪,使自己能够融入社会,而情绪不健康的人往往自控能力非常差,经常将自己的坏情绪带到其他事件中去,甚至对其他人也发泄自己的坏情绪,结果常常是导致人际关系不和谐、做事容易失败等不良结果。
自我意识完善	心理健康的个体都具有完善的自我意识,他们既能够看清自己的优点,也能够正确对待自己的缺点,对于优点,他们努力使其发挥到最大化,而对于缺点,他们努力改正,能够用积极的态度去悦纳自我。
反应适度	人的基本心理活动是对外部信号接收和反应的过程,人的大脑接受外界环境的各种信号,然后做出相应的反应,由于每个个体自身的条件不同,所以反应的程度也会存在差别。概括来说,心理健康者思维清晰,语言有条理,行为反应也适度;而心理不健康的人则思维混乱、语言没有逻辑性,语言要么反应过敏要么反应迟钝。
意志坚定能够自制	心理健康的个体一定要意志坚定能够自制,这主要表现为个体对任何事情都有自制的能力,在遇到事情时都有一定的判断能力,能够用冷静的心态对事对人。而心理不健康的个体往往表现出两种极端的心态,要么犹豫不决,要么武断独行。

续表

心理健康的标准	具体阐述
心理行为符合年龄特征	在个体的生命发展过程中存在着不同的发展阶段,每个阶段都有特有的心理特点,在这些心理特点的影响下也会出现与之相符的心理行为,一个心理健康的人心理行为必须符合当时的年龄特征。
人际关系和谐	心理健康的个体往往非常喜欢和他人交往,有知心的朋友,在交往的过程中也能很好地遵循适度原则,将人际关系维持得非常好。相反,心理不健康的个体往往对其他人持有疏远的态度,他们不愿意与人交往,人际关系相当不和谐。
人格完整和谐	心理健康的个体往往自信、热情、勇敢、正直,拥有积极进取的人生观,并能不断通过自己的努力达到目标,而不健康的个体往往悲观、冷漠、自卑、恐惧、自私,他们的人生观往往是消极的、悲观失望的,他们势必会成为生活中的失败者。

二、大学生心理健康

(一)大学生的心理特征

大学生处于青年中期,正处于迅速走向成熟而又未真正完全成熟的发展阶段。他们的心理既具有青年期青年一般的心理年龄特征,又有处于青年中期的大学生这个特殊群体青年的特殊心理年龄特征。他们的心理特征主要表现在如下几点。①

第一,生理发育成熟已达高峰。从大学生生理发育来看,身体的各器官机能已日臻成熟,肺活量、脑重量、脑细胞的分化机能、高级神经活动的第一信号系统、第二信号系统的功能、性机能等已达到成人水平,身体的成熟已接近完成,生理发展已达人生的高峰值。

---

① 陈庆良,丁昭福,刘明颢. 大学生心理学[M]. 贵阳:贵州教育出版社,1995.

第二,智能发展已达高峰。大学生的智能发展接近或达到一个"顶点"的时期,以抽象逻辑思维为核心的各种认识能力已相当发展,有的正处在巅峰状态。思维方式已完成了由经验型向理论型转化,抽象逻辑思维的形成,标志着青年大学生智能发展已经成熟。

第三,情感迅速发展。大学生新的需要不断增加,某些强烈的需要,容易激起强烈的情感反应,内容也会更加丰富。

第四,意志的目的性和坚持性得到进一步发展,克服困难的主动性和自制力增强,表现出较强的毅力和信心。

第五,富有理想,兴趣广泛,人生观基本形成。

第六,自我意识进一步发展,表现出独立意向增强,追求理想自我。关心自己个性成长,努力塑造自己的形象,设计自我模式,追求自我的完善。自我评价能力、自我控制能力大为提高,自尊心和自信心增强,标志着大学生的自我意识的发展已基本成熟。

(二)大学生心理健康的现状

青年时代是人一生的黄金时代,是长身体、长知识、长见识,各方面日趋成熟的时期。处在此时的当代大学生,其生理、心理的变化既快又显著,表现出许多突出的特点。总体上来说,多数大学生的心理是健康的,他们思想活跃,精力充沛,朝气蓬勃,求知欲强,渴望成才,对未来充满信心,充分体现了时代的特征。他们善于独立思考,学习效率高,有较健全的意志,自我意识也有新的发展,认识水平和认识能力逐步提高,情绪体验丰富且较稳定,并拥有良好的人际关系,对生活充满理想,进取心强烈,表现出饱满的青春活力,体现出人格的完整和统一。他们的人生观、世界观逐步形成,对社会、对人生、对生活、对学习都有较客观的认识,自我调控能力也有提高,能较好地适应社会生活。然而,大学生正处在个性形成的关键时期,他们的心理发展尚未完全成熟,缺乏社会生活的磨炼,心理承受能力比较薄弱,自我调节能力和自我控制能力不很强,因此在处理学习、工作、社交、友谊、爱情以及个人与社会的关系等人生的复杂问题时,缺乏综合权衡能力,不能理智地驾驭感情,常常引起心理矛盾的激烈冲突,造成心理发展过程中的失调和不平衡,产生各种心理障碍,甚至精神疾病。所以,有相当一部分大学生,他们的心理健康状况不容乐观。

(三)大学生心理健康的标准

大学生心理健康的标准如表1-2所示。

表1-2 大学生心理健康的标准

大学生心理健康的标准	具体阐述
智力正常	智力正常是大学生学习、生活和工作最基本的心理条件。智力正常的大学生应该珍惜学习机会,保持对学习较浓厚的兴趣,求知欲望强烈,能克服学习中的困难,学习成绩稳定,能保持一定的学习效率,并能从学习中体验满足与快乐。
意志健全	意志健全的大学生在进行各种活动时都目的明确,能够用积极的心态对待在进行活动时出现的各种问题,并且会努力想办法去解决各种问题。另外,意志健全的大学生能够有效控制自己的情绪和言行,清楚地明白不良情绪可能会带来的各种后果。意志健全的大学生能较长时间保持专注和控制行动去实现某一既定目标,不为任何外来干扰所动摇,不达目的绝不罢休。良好的意志品质一经形成,将对人的一生产生极为重大的影响。一个意志健全的大学生,肯定会自觉寻求自身最大的发展,实现自己的价值。
情绪健康	情绪健康的大学生常表现出愉快、乐观、开朗、满意等积极情绪状态。心理健康的大学生并不是没有悲、怨、忧、怒等消极情绪体验,而是在遇到各种问题时,善于控制与调节自己的情绪,既能克制又能合理宣泄自己的情绪,不会被情绪所左右而导致言行失调。
人格完善	人格完善是指大学生有健全统一的人格,他们的所想、所说、所做都是协调一致的。完善的人格包括客观的自我认识和积极的自我态度;有统一的世界观和人生观,人格结构包括气质、性格、能力、理想、信念、需要、兴趣和动机等各方面都会平衡发展。

第一章 走进心理健康

续表

大学生心理健康的标准	具体阐述
反应适度	个体的行为反应都是由一定刺激或者刺激的强化产生的,有反应是正常的,但一定要注意适度。例如,失恋时悲伤,朋友相聚时高兴,中彩票后异常兴奋,这些都是适度的反应,如果反应不适度,就会出现一些心理问题,所以一定要想办法去调节。例如,某大学生在考试中取得了较差的成绩,在看到成绩后,他非常失望和难过,这是非常正常的反应,但如果过了很长时间之后,他还是对此事耿耿于怀,并且因此而长期睡不着觉,那么这就是不正常的、不适度的反应。
自我评价客观	自我评价是主体对自己思想、愿望、行为和个性特点的判断和评价。大学生在日常生活、学习和工作中如果能够客观评价自我,就能够清楚地明白自己的优缺点,面对挫折与困境,能够自我悦纳,喜欢自己,接受自己,并能很好地约束和控制自己的行为和情感,能根据自己的认识和评价来调控自己的行为,使自身与客观环境等保持平衡。
心理行为符合年龄特征	大学生个体应该具有与其年龄特征相符合的心理行为,如果大学生的行为严重偏离自己所处的年龄阶段,无论是发展滞后还是超前,都是行为异常和心理不健康的表现,对此,一定要引起足够的重视,当发现问题后要及时进行调整,以免更为严重的心理问题产生。
人际关系和谐	和谐的人际关系是事业成功和人生幸福的前提。心理健康的大学生在人际交往中,对所有的人,无论职务高低、年龄大小,都平等对待,同样尊重;恪守诚信,与人为善;不在背后说别人的坏话,能换位思考;善于沟通,宽容待人;在学习和工作中善于与他人合作,在合作的基础上竞争,在竞争的基础上合作。

续表

大学生心理健康的标准	具体阐述
社会适应正常	心理健康的大学生能够正确认识社会、了解社会,并且通过各种方式尽快融入社会,与社会保持良好的接触,使自己的思想、信念和目标等跟上社会进步的步伐,使自己不落后于社会,并且努力尝试为社会做出自己的贡献。当社会的进步与发展和个人的发展存在一定的冲突时,努力调整,修正或放弃自己的计划和行动。

(四)大学生心理健康标准的特性

1. 相对性

大学生心理健康的标准是没有界限的,因为每个大学生的个体因素都不一样,所以判断其心理健康的标准也是多样的,而且心理健康标准是一个连续化的过程,它是不断随着个体心理变化而变化的。因此,对于大多数的大学生来说,在他们人生的发展道路上面临心理问题是正常的,只需要用适当的方法和积极的态度加以改正即可。

2. 发展性

人的一生是很漫长的,在其发展的道路上也不可能总是坦途,在生活、工作和学习中也总会出现这样或者那样的困难和挫折。因此,偶尔出现心理不健康的状态是不可避免的,而这些不可避免的心理健康问题随着人们年龄和心理上的成熟,都是可以通过自我调整逐渐趋于健康的。心理健康的标准只是人们在成长和发展中的一个标尺,它不仅可以供人们衡量自己心理是否健康,同时,也给人们调节心理健康问题提供了一个努力的方向。在大学校园中,衡量大学生心理健康的标准,就是他们在学校中是否可以独立自主地进行生活和学习。

(五)大学生心理健康的影响因素

大学生心理健康的影响因素如图1-3所示。

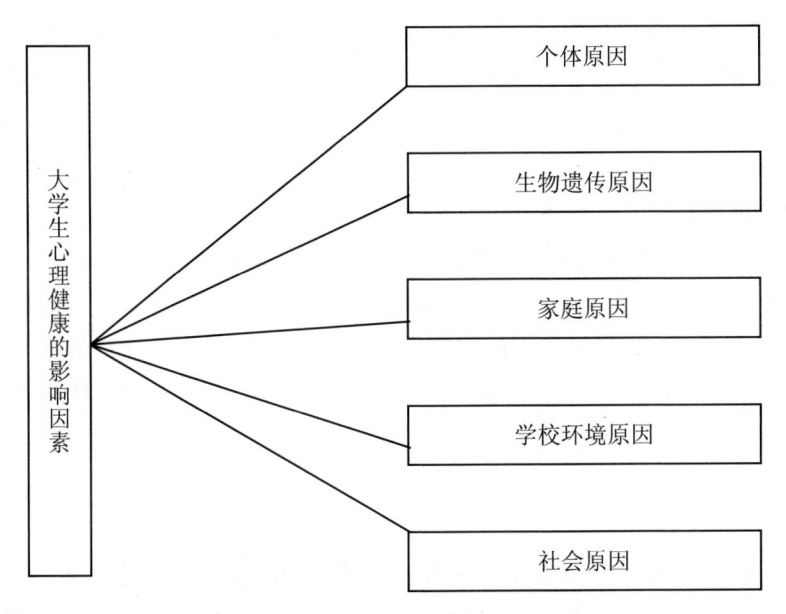

```
大学生心理健康的影响因素
├── 个体原因
├── 生物遗传原因
├── 家庭原因
├── 学校环境原因
└── 社会原因
```

图1-3 大学生心理健康的影响因素

1. 个体原因

从人生的发展阶段来看,大学生正处于青年中期。这个时期是脱离少年的稳定世界以后进入成人期的固定心理结构之前不稳定的时期。在大学生的心理发展历程中,他们在校园期间也面临着沉重的心理发展课题,特别是刚刚进入大学校园的学生,他们的心理发展相对来讲并不是很成熟,情绪也不是很稳定,而且对于大学生活还充满了未知。由于周围生活环境和学习环境的改变,大学生很容易对新的生活和环境产生不良的心理情绪,从而出现各种各样的心理问题。大多数学生的心理问题都是由于个体在发展和成长过程中面临困难和挫折感到不安、迷茫、恐惧等产生的。

2. 生物遗传原因

第一,生物遗传因素是影响大学生心理健康的先天因素。虽然人的心理活动不能遗传,但心理活动的生理基础是受遗传因素影响的。统计数据与临床观察都表明,在精神疾病患者的家族中,其他成员患有精神疾病或某些心理异常的概率要显著高于无家族病史的人。

第二,脑外伤、中毒或病毒感染等也有可能造成脑损伤而导致器质性心理障碍或精神失常。如酒精中毒、煤气中毒、某些药物中毒可以对中枢神经系统造成伤害,出现心理障碍。

此外,严重的躯体疾病或生理机能障碍也可能成为心理障碍的致病原因,如甲状腺机能低下可导致思维迟滞、感觉迟钝、情绪低落等类似抑郁的表现;反之,甲亢则可能导致情绪高涨、精力活跃、易冲动等异常表现。因此,对大学生心理问题的关注与干预不能忽视生物遗传因素的影响。

3. 家庭原因

现在的大多数大学生都是独生子女,在进入大学校园之前,他们中的很多人受到家长的百般娇惯,这就导致很多大学生出现了依赖、任性、被动等心理,以至于进入大学后不能完全独立自主生活。此外,还有部分家庭过度严厉或者疏忽,导致这部分学生出现了胆怯、懦弱、盲从、自卑等心理倾向。这些都是影响大学生心理健康的重要原因,而且从目前出现心理健康问题的多数学生来看,可以看到其受家庭影响的痕迹。

4. 学校环境原因

校园是大学生学习与生活的重要场所,学校环境因素也会进一步影响大学生心理健康。好的校园氛围能够促进大学生的健康成长,而大学生活中的各种变动也会成为压力的主要来源。

第一,进入大学意味着学习生活环境的改变。大学生活是独立的但又是集体式的,既需要自己安排衣食住行、学业与课余生活,又要调和与室友之间的关系。许多大学生第一次离开家庭,自理能力不足;与室友之间也可能因为地域差异、生活习惯等原因产生摩擦。对学校环境适应不良,很容易让大学生陷入孤独、落寞等负面情绪。

第二,进入大学也使得人际关系模式变得更为多元。同学之间的合作与竞争并存,在学业、择业等方面直接的竞争压力更大;师生关系也变得更加平等。如果社交技能不足,缺少适当的人际关系策略,就会更容易在人际关系中遇到挫折,也更容易一蹶不振。

5. 社会原因

影响大学生心理健康的社会因素,主要是由于社会环境的变化和发展使大学生没能跟上趋势,所以才导致心理上发生了健康问题。随着市场经济体制的改变,人们的生活方式和价值观念都发生了重大的改变,导致多种价值观冲突,而在这样的社会环境中,大学生中一部分的人会感到迷茫和不安,而且大众传播媒介在很大程度上也对大学生心理健康造成了消极的影响,对大学生的健康成长极为不利。

(六)大学生心理健康的意义

大学生心理健康具有重要意义,概括来说主要包括以下几方面。

1. 有助于大学生的全面发展

高等学校是我国培养社会主义现代化建设高级专业人才的基地,在面临21世纪挑战的今天,要求我们培养的高级人才在未来的国际竞争中,既能坚持社会主义道路,又能经受现代科学技术迅猛发展所带来的挑战。大学生要想把这种时代对自身的要求内化为主体成才的追求目标,求得自我的完善与发展,就必须具备相应的思想政治素质、心理品质等基本素质。其中心理健康是良好心理品质的基础,也是现代高级专业人才重要的内在素质。心理健康水平的高低对德、智、体全面发展有着重要的制约作用。因为德、智、体等方面的协调发展是以健康的心理作为基础的。全面发展则要求大学生不断进行自我认识、自我评价、自我教育和自我调节。这样有利于促进大学生增强心身互相适应的发展趋势。

2. 可以促进大学生的全面发展

大学生在学习和生活中发展的最基本需求就是心理品质的健康,这是大学生毕业之后就业和生活的重要条件。而德、智、体、美、劳的全面发展就是以健康的心理品质作为前提的，个体的心理健康与否会直接影响和制约大学生以后的发展。

3. 有助于大学生更快地适应社会环境

大学的学习生活是短暂的，大学生早晚都要步入社会，经受社会的挑选和考验。对于生活阅历很短、社会经验不足、对社会应激变化的心理准备不充分的大学生来讲，要更加注重心理品质的修养，加强和提高自己的心理健康水平，准备接受市场经济的挑战。

4. 有助于大学生克服依赖心理

每个大学生都是通过自己在高中的努力奋斗走向大学校园的，进入大学，面对的是和高中校园截然不同的全新生活。在进入大学之前，想象的大学校园总是和现实中的不太一样，学习和生活环境的变化会导致一些大学生很难适应。因此，大学生必须要时刻注意自己的心理健康状态，克服以往对家长的依赖性，增强自己的独立自主意识，积极主动地去适应大学校园的生活。

5. 有助于大学生形成良好的学习环境

人的生活环境包括自然环境和社会环境。自然环境即气候、地理及其他物质条件；社会环境即家庭、学校、邻里、工厂、工作单位等环境。自然环境为人的身体和心理发展提供物质条件，如氧气、光线等，并且通过影响脑功能而制约心理的发展，但影响心理发展的主要因素是社会环境。人的心理发展是在遗传素质影响的基础上通过环境特别是社会环境的作用得以实现的。校园良好的环境，一方面需要学校和社会加强校园环境的优化和建设；另一方面，也是更重要的方面，是靠大学生自己去培养和营造。如果大学生的心理是健康的，情绪是积极稳定的，没有不必要的心理负担，那么就容易在校园里形成浓厚刻苦的学习氛围、和谐亲善的人际关系等，这些都会大大优化大学生的学习环境。相反，如果大学生普遍精神状态不佳，没有远大的理想和目标，学习没动力，情绪低落，人际关系紧张，必然影响他们的学习成绩和成才质量，也就必然无法形成良好的校园学习环境。由此可见，学习环境能影响大学生的心理发展，而健康的心理也有助于形成大学生良好的学习环境。

6. 有利于大学生培养健康的个性心理

大学生的个性心理是指大学生在学校的生活和学习中，面对周围的环境变化和身边事物的态度和行为上表现出来的各种性格上的特征。个性心理的表现分为气质和性格两个方面。其中，气质的表现通常是通过情绪反映出来的个体上的特征，而性格的表现是除了情绪反映还有意志反映在个体上的特征。大学生目前的个性特征普遍表现出朝气蓬勃、思维活跃、行动力强等精神状态，这些都是培养大学生心理健康的基础和状态。

第二节 大学生心理健康教育

一、心理健康教育概述

（一）心理健康教育的概念

心理健康教育指根据人们心理活动的规律，采取各种教育方法与措施，调动受教育者的一切内外积极因素，维护其心理健康，培养其良好的心理素质，以促进其整体素质提高的教育活动。心理健康教育是一种新的教育理念，一种新的教育模式，一个多维度、多层次的教育体系。其目的是消除或减轻影响心理健康的危险因素，预防心理疾病，促进心理健康和提高生活质量。[1]

（二）心理健康教育的原则

心理健康教育的原则如表 1-3 所示。

---

[1] 余金明，姜庆五. 现代健康教育学[M]. 上海：复旦大学出版社，2019.

表1-3　心理健康教育的原则

心理健康教育的原则	具体阐述
以人为本	要满足各年龄组、不同性别、不同社会背景、不同心理特点的个体化需求；针对个人、家庭和社区特定的需要，鼓励他们积极参与心理健康教育项目的计划与实施。
适当性与有效性	要能够为受众提供最适当的信息或支持。在实施的每个阶段及行为改变的各个层面均有实质性监测、考核和评估指标，同时确保受众能从自我体验和客观评估中获得充分的反馈信息。使他们有可能通过学习和实践持久地改变自己的观念和行为。
可及性与受众友好性	要在个人生活、学习、工作等相关的各个层次提供心理健康教育，有可利用的服务与支持，系统而科学的信息。同时，教育者以友好的方式给予受众专业指导，使其容易理解和接受。

(三)心理健康教育的种类

根据不同的标准，可以将心理健康教育分为不同的类型(表1-4)。

表1-4　心理健康教育的种类

分类标准	具体类型	具体阐述
根据内容进行分类	正常状态	正常状态通常指个体的认识、情感及行为表现符合社会的规范要求，也与本人的价值体系观、道德水平和人格特征相一致。
	不平衡状态	不平衡状态是指个体遇到如欲求不满、家庭变故等事件时，其心理处于挫折、焦虑、矛盾等状态，从而引起个体的不适应行为。
	不健康状态	不健康状态是正常状态的反面，其特征是个体的认识、情感、行为表现等经常性地与社会的规范要求相矛盾或冲突。

续表

分类标准	具体类型	具体阐述
根据性质进行分类	发展性教育	发展性教育主要是指心理健康教育者在了解个体发展一般规律的基础上,针对教育对象在不同阶段所面临的任务给予一定的教育和辅导,促使其心理矛盾妥善解决,心理潜能充分发挥,从而促进其身心健康顺利发展的过程,这是一种常规性和提高性的教育。
	预防性教育	预防性教育就是防患于未然。使受教育者掌握应对心理危机的方法,帮助受教育者顺利地解决成长过程中的各种困难,坚强地面对生活中的各种挫折和考验,以避免不必要的心理问题或悲剧的产生。
	补救性教育	补救性教育是指在发展性教育不能发挥作用的情况下,由心理健康教育者运用心理学的原理和方法对教育对象在学习、生活、适应中出现的问题给予直接的指导、帮助,并对有关的心理障碍或轻微的精神疾病进行诊断、矫治的过程。这是一种矫正性教育,教育的对象是心理已出现不同程度问题的人。
根据形式进行分类	团体性教育	团体性教育即以级、班、组为单位,或是在学校、企事业单位、家庭和社区中,以具有不同行为、性格、性别等特征的人为对象而实施的心理健康教育。
	个别性教育	个别性教育是以个体为对象的心理健康教育。

二、大学生心理健康教育的必要性

(一)心理健康教育在家庭教育中的必要性

现在的大学生大多是独生子女,缺少心灵沟通的同龄伙伴。当机会到来的时候,不懂得珍惜;遇到挫折和失败时,缺乏战胜挫折的勇气。面对日益加快的生活节奏和复杂的人际关系时,很多大学生对自己缺乏全面正确的认识,从而出现种种不适应的问题。近年来,心理健康教育在家庭中的地位越来越受到重视。家庭是大学生的第一所学校,在家庭中重视其心理健康教育,对大学生的健康成长具有积极意义。

(二)心理健康教育在高校教育中的必要性

大学生在大学阶段会遇到多方面的困惑和压力,有的遇到一点小矛盾就怀恨在心,有的遇到一点困难就自暴自弃,这都说明了大学生的心理非常不成熟。所以,高校要有针对性地开展心理卫生知识的普及和宣传,帮助学生处理好适应环境、交友恋爱、调节情绪等问题。要加强大学生的专业知识教育,更要注重他们的素质教育,注重心理健康教育,促进大学生的全面健康成长和可持续发展。

(三)党和国家对高校心理健康教育的重视

党和国家非常重视大学生心理健康教育工作。《关于加强普通高等学校大学生心理健康教育工作的意见》指出心理健康教育工作的主要内容:养成良好的学习习惯,培养创新精神;传授心理调适的方法,有效消除心理困惑,提高承受和应对挫折的能力,使大学生了解常见心理问题产生的原因及主要表现。之后的很多文件中都提出了要重视高校心理健康教育的内容。总之,大学生心理健康教育已引起了教育部门和社会各界的普遍重视。新时期加强和改进大学生心理健康教育,是保证我国人才素质教育目标实现的有效途径。

三、大学生心理健康教育的原则

大学生心理健康教育的原则如图1-4所示。

(一)发展性原则

发展性原则是指在学校心理健康教育工作中,教师要注意以发展变化的观点来看待学生身上出现的问题。发展性原则有两层含义。

第一,在心理健康教育过程中教育者必须以发展的观点来看待大学生的心理。

第二,心理健康教育活动必须立足于促进人的心理发展。

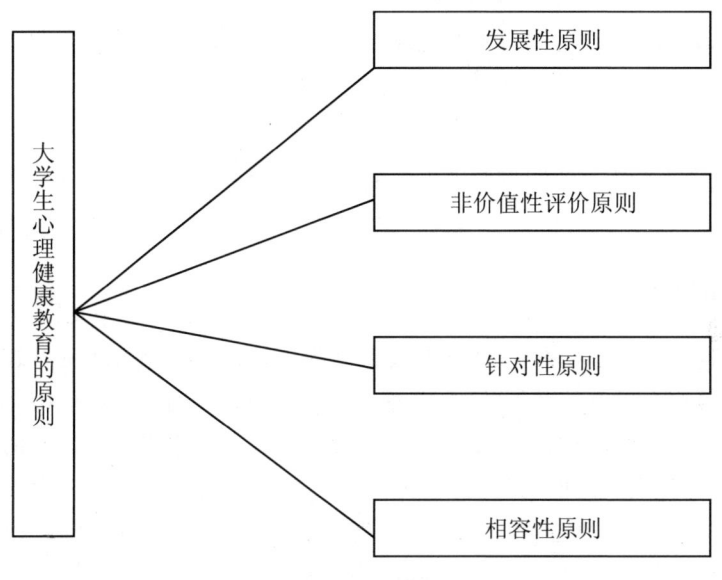

图 1-4 大学生心理健康教育的原则

大学生心理健康教育的原则:
- 发展性原则
- 非价值性评价原则
- 针对性原则
- 相容性原则

从发展性原则的第二层含义来看,是要全面地、正确地理解心理健康教育的目标。但即使是心理健康者也有心理品质的高下,唯有发展才是心理健康教育之最高目的。

(二)非价值性评价原则

心理学中有一种"自我证实循环"理论,这种理论认为,当我们对某人形成了某种看法时,我们就可能以某种态度来对待他。事实上,原来的"聪明"学生和"愚笨"学生的分类是随意选择的,他们在能力上并没有什么真正的差异。测试的目的,仅仅是为了联系学生实际心理,实施有效的心理健康教育。心理健康教育承认心理发展有先后之别。一切受教育者的心理状况都能得到良好的发展。

(三)针对性原则

针对性原则是指在进行心理健康教育过程中,教育必须根据学生的身心特点和规律,有针对性地对学生实施心理健康教育。具体体现在以下几个方面。

第一,要与学生的年龄特点相结合。

第二,要与学生的性别相结合。

第三,要与学生的个性特点相结合。

第四,要结合学生的表现特点,有针对性地进行教育。

第五,要结合学生的发展特点,做好预防性教育与引导。只有根据不同阶段的发展特点,对学生进行教育和引导,才能做到防患于未然。

(四)相容性原则

这一原则是指在心理健康教育过程中,教育者(教师)和受教育者(学生)在人格上是平等的,在情感上是相容的。贯彻相容性原则要尊重学生,淡化教育与受教育的痕迹。心理健康教育要想实现促进人的心理发展、开发人的潜能的目的,首先要求教育者必须对学生心理发展的实际状况有一个比较清楚的了解,这就要求教育者主动接受受教育者,设身处地为他们着想,并待以真诚的关心和爱护。创造师生间最佳的"心理场","心理场"主要由师生之间的心理相互影响构成,它对心理教育效果的作用是不可低估的,是以彼此认知共识、情感融洽、行为相似为特征的。这种相容的人际关系,有利于师生之间最佳"心理场"的形成,对学生心理的发展无疑具有促进作用。

四、大学生心理健康教育的意义

大学生心理健康教育的意义如图 1-5 所示。

(一)大学生心理健康教育是时代的呼唤

21 世纪是知识经济大发展的时代,知识经济对现代人的心理素质提出了全方位的挑战。同时,就人类自身来讲,重大的挑战则是心理危机,最大的痛苦就是心理障碍与疾病。确实,越来越多的研究已证实,诸如超群的指挥、稳定的情绪、顽强的毅力、完善的个性、随机应变的能力等高品位的心理素质,已成为最具竞争力的人才资源的要素。

```
                    ┌─────────────────────────┐
                    │      是时代的召唤        │
                    └─────────────────────────┘
大
学  ┌─────────────────────────────────────┐
生  │   是促进学生德、智、体全面发展的需要 │
心  └─────────────────────────────────────┘
理
健
康  ┌─────────────────────────────────────┐
教  │   是提高大学生心理健康水平的需要    │
育  └─────────────────────────────────────┘
的
意
义  ┌─────────────────────────────────────┐
    │   是高校体育自身发展的迫切要求      │
    └─────────────────────────────────────┘
```

图 1-5　大学生心理健康教育的意义

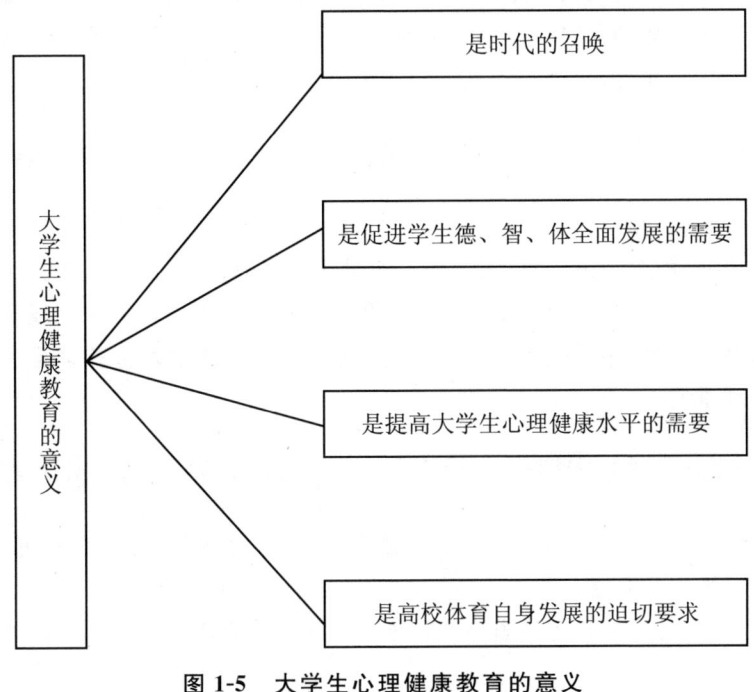

(二)大学生心理健康教育是促进学生德、智、体全面发展的需要

1. 心理健康教育是德育的基础

学生心理健康,有助于其形成良好的思想道德品质,并为德育工作创造和谐、融洽、相互信任的良好心理氛围。

2. 心理健康教育是智育的基础

心理健康是有效学习的条件。心理卫生是有效学习的基础,而各种学习的发现兴趣和自我提高是心理健康的一种标志。

3. 心理健康教育是体育的基础

人们开展体育活动是为了增强体质,维护和保持身体健康。日常生活中许多身体疾病的产生与心理健康有关。另外,心理健康教育是提高学生心理素质的需要。良好的心理素质是人们自我发展和价值实现所必需的内在条件,也是未来社会对人的基本要求。

(三)大学生心理健康教育是提高大学生心理健康水平的需要

大学时期是一个人身心发展的关键时期,身心健康对大学生至关重要。当前,就全国范围看,大学生心理健康水平总体上是好的,多数学生的心理是健康的、积极向上的。大学生心理健康状况不佳者比例较其他人群高,心理健康状况令人担忧。为此,开展心理健康教育就显得尤为迫切和重要。

(四)大学生心理健康教育是高校体育自身发展的迫切要求

第一,大学生心理健康教育是开发、拓宽体育功能并加以完善的一个不可缺少的要素。

第二,大学生心理健康教育在维护和增进个人心理健康中发挥着不同的作用。

第二章 学会适应环境

大学阶段是一个人重要的成长时期,也是很多人人生的转折点,大部分大学生都是第一次离开父母,从熟悉的环境进入新的环境,高考胜利的终点也变成了新的起点,在这一过程中,大学生会遇到各种各样的问题,如果处理不好,将会对大学生的心理产生消极的影响,所以,应及时对大学生出现的适应问题进行适当的指导,以保证其健康成长。

第一节 适应概述

一、适应的概念

适应,原为生物学术语,是指生物体根据环境条件改变自身,协调自身与环境关系使之一致的现象。心理学用适应表示机体对刺激和环境变化所做出的反应。由于周围的环境在不断运动变化,而机体要正常地生存和发展,就一定要在活动中与环境保持平衡一致,即不断地适应。靠着不断地适应,机体生活和生存才能成为可能;而不能适应,机体就很难生活和生存下去。

二、适应的心理过程

适应的心理过程如图 2-1 所示。

```
适应的心理过程 ──→ 需要
              ──→ 动机
              ──→ 压力
              ──→ 反应
```

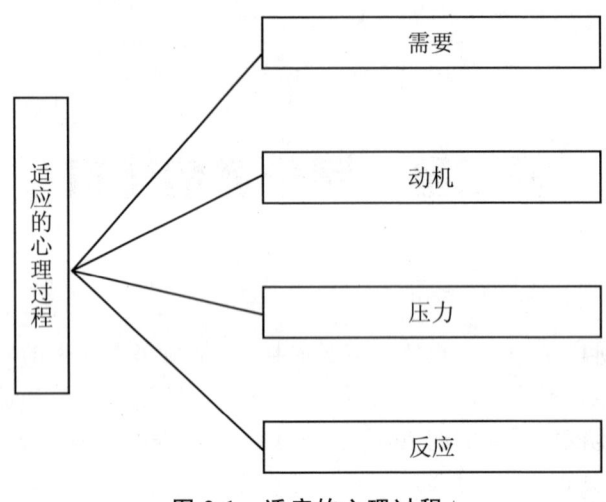

图 2-1　适应的心理过程

（一）需要

需要是人类对维持和发展个体生命及种族延续所必需的条件以及相应的社会生活的反应，也是有机体内部及周围环境的某种不平衡状况的体现。人的一切活动都是为了满足需要。

人的需要可粗略分为物质需要和精神需要。物质需要是人类生存的基础，是保持和发展人的生命所必需的，精神需要是人们观念的对象的需要，如知识、艺术、社交等。

需要还可分为自然性需要与社会性需要、生存性需要与发展性需要。一般来说，物质性、自然性或生存性需要得不到满足，人就难以生存；而精神性、社会性或发展性需要得不到满足，虽不会直接危及生存，但会对人的身心健康和发展带来重大影响。根据美国人本主义心理学家马斯洛的观点，人类的主要需要分为五个层次，由低到高排列，最底层为生理需要，依次向上分别是安全需要、归属与爱的需要、尊重的需要和自我实现的需要。马斯洛认为，人总是优先满足低层次的需要，在较低一级的需要得到满足以后，才能产生高一级的需要。为了生存，大学生同样需要吃饭充饥、穿衣御寒，为了发展，需要学习求知、人际交往等。

(二)动机

动机是在需要刺激下促使人们去行动的内在动力,是推动和维持人的活动的动因。动机激发一个人开始进行某种活动,它使行动排除其他干扰,朝着特定的方向、预定的目标进行。动机可维持一个人的行为,直接达到某个目标,而达到某个目标的喜悦反过来又强化该动机,反之可能会弱化该动机。人的动机是多种多样的。根据动机的引发原因,可分为内在动机与外在动机。内在动机指由内在因素引发的活动动机,如大学生为掌握知识而努力学习;外在动机指由外在因素引起的活动动机,如大学生为争取奖学金而努力学习。动机还可以分为合理动机和不合理动机、长远的间接动机和短暂的直接动机、主导性动机和辅助性动机、生物性动机和社会性动机。就动机对行动的功能而言,主要表现在三个方面,即始动功能——引发个体活动;强化功能——维持这种活动;导向功能——使活动朝向一个目标。对于大学生来说,应确立以学习为主导、以自我不断发展来服务国家和人民,同时适当满足以个人需要为目的的动机,在奉献社会、建设祖国中不断完善自己,实现自我价值。

(三)压力

人们在满足需要的过程中,常常出现阻碍,即个体如果不能利用现有的习惯机制来满足它产生的需要的种种情况。面对各种阻碍,人们便会产生压力感及不同程度的心理冲突,表现为紧张、焦虑等负面情绪。在现实生活中,生活的压力主要源于三个层面:一是生活改变,包括个人日常生活秩序发生的重大改变;二是生活琐事,包括家庭经济、工作职业、身心健康、生活环境、时间分配、生活保障等方面的问题;三是心理因素,属于个人内在的心理困难,也是形成生活压力的重要原因,而挫折和冲突是其中最重要的。

(四)反应

在心理学中,由外界刺激引起的生理、心理和行为反应称为应激反应(表 2-1)。

表 2-1　反应的构成

反应的构成	具体阐述
生理反应	面对生活中不同的压力,在遇到突如其来的威胁性情境以及各种各样的紧张刺激时,个体会集中出现一系列的生理变化:如压力影响儿茶酚胺类激素(肾上腺素和去甲肾上腺素)的释放,出现心率加速、呼吸加快、血压升高、血糖升高等生理上的变化。上述的应激反应是个体在短时压力下产生的生理反应。如果压力情境持续存在,有机体在给定的时间内会以相同的生理模式做出反应,包括警觉反应阶段、抗拒阶段、衰竭阶段。个体一旦进入衰竭阶段,将出现适应能力丧失、筋疲力尽,最终陷入崩溃状态。
心理反应	生活压力引起的应激状态下的心理反应有两种。 第一,适度反应,如注意力集中、情绪的适度唤起、思维敏捷等。这些反应将有利于机体对传入信息的确认和评价,并能迅速做出决策,提高机体对环境刺激的适应能力,更好地适应环境的变化。 第二,过度的心理反应,如烦躁、抑郁、愤怒、憎恨、焦虑、恐惧等,这种情绪会妨碍人的准确思考和判断,使人出现认知能力下降、自我意识不清、语言不完整等反应,是一种严重的不适应状态。
行为反应	行为反应有直接和间接之分。直接的行为反应指直接改变所面临的环境刺激,以消除引起问题的刺激,如在突发的紧急情况下出现的斗争和逃避反应;间接的反应不是直接解决引起问题的刺激,而是产生变相依赖、反常动作增加和替代性攻击三种行为倾向。变相依赖,是个体在应激状态下通过吸烟、饮酒或饮食等行为来面对环境,从而在心理上获得一种暂时性的满足感。反常动作增加是一些人在应激状态下,经常表现出来的动作。替代性攻击,指个体为了减轻应激威胁,而选择某种替代目标进行发泄、攻击的行为倾向。

三、大学生适应的内容

与中学时期的纯粹学习生活相比,大学生活有了不少新的变化。对于这些新变化,大学生应努力适应。概括来说,大学生生活中的变化主要包括以下几种。

(一)生活环境的变化

大学生会面临远离父母自己料理生活、集体住宿自己安排作息、生活消费自己计划开支、看病买药自己判断做主、出门办事自己应对困难等新的变化。

(二)学习方面的变化

大学阶段的学习和中学相比发生了很大变化,具有新的特点。

1. 学习任务的变化

中学教育的任务是培养学生使其在德、智、体、美、劳诸方面全面发展,为升入高一级学校打下良好基础。大学不仅注重学生的全面发展,还注重学生的能力、素质的培养。大学生追求的主要目标是获取知识、掌握技能、发展能力、增强素质,成为能适应某种职业的专业人才。

2. 学习内容的变化

学习内容从固定知识向专业技能转变。大学的学习不仅在学习教育的主导方式上由被动学习转变为主动学习,在学习内容上也发生了很大变化。中学时期,在应试教育的主导下,学习的主要内容为固定的书本知识,而进入大学后,学生面对的是一个学科,学习更注重专业性,需要学生在大量观点及理论研究成果的基础上有计划性、针对性地进行研究性学习,习得专业技能,提出自己的观点,培养科学研究的能力,甚至有所创新。

3. 学习方式的变化

大学生的学习方式主要有以下特点。

第一,教师讲授时间少,学生自修时间增多。大学里更注重学生自学能力的培养,教师辅导得也较少,业余时间由学生自己支配。教师不再牵着学生走,而是引着学生走。

第二,作业分量减少,布置作业是让学生自己思考,自己总结,培养学生的独立思考能力和科研意识。

第三,考核方式灵活,考核次数减少,会根据各学科、各专业的特点采取考试、考查或做作业、写论文等方式,学生的学业负担便相应降低。

4. 学习目标的变化

高中时学习目标明确而单一,就是为了上大学;进入大学后,这一目标实现了,新生本应该确定新的学习目标,但大多数学生强烈感受到学习目标反而变得不明确了,即"不知道学习是为了什么"或"想学的内容太多而一时不知从哪里下手"。

5. 评价标准的变化

对高中学生来说,学习成绩几乎是唯一的衡量标准,优异的学习成绩几乎是他们全部价值的体现和最高追求。而对于多数大学生来说,学习成绩只是衡量的标准之一,学习在大学生个人发展中的地位明显下降。除了学习外,人际交往能力、社会工作能力、创新创业能力、特长专长等,都是评价大学生的重要标准。

(三)发展目标的变化

在中学时期,学生的发展目标比较单一,即考入自己理想中的大学,他们都在努力朝着自己的目标不断努力。但进入大学之后,大学生的发展目标不是那么明确的,也不唯一,家长和教师也不再为大学生指明明确的方向,良好人格的塑造和综合素质的培养成为大学时期主要的发展目标,大学生可以根据自己的意愿而将工作、考研或是出国作为自己的发展目标,并朝着自己的目标不断努力,做好规划,根据不同的目标做不同的准备。

(四)自身角色的变化

自身角色的变化主要表现在以下两个方面(表2-2)。

表2-2　大学生自身角色变化的主要表现

主要表现	具体阐述
从家庭角色到社会角色的转变	进入大学之前,家庭角色在大部分学生的生活中占主导地位。走读的学生日日生活在家庭之中,非走读生也不过十天半月至数月就可回家一次。然而进入大学之后,大部分学生在异地求学,与家庭的紧密联系逐渐被削弱,校园生活、社会生活成为其生活的主要部分。那个以往被父母、长辈保护着的"孩子"开始告别依赖,走向独立。
从中心角色到普通角色的变化	我国大多数大学面向全国招生。许多新生入学之后会发现,班级中的同学来自五湖四海,也许每个人在过去都是家长的掌上明珠,是同龄人中的佼佼者,但是,跨入大学校门后,学习成绩、综合素质比自己优秀的大有人在,很多同学在中学时期的辉煌和优势不再显现。当初众星捧月的优越感已然无存,这就引发了一系列的不平衡,如人际交往不知所措、心理顿感落差等。

(五)人际关系的变化

人际关系变化主要表现在以下两个方面(表2-3)。

表2-3　人际关系变化的主要表现

主要表现	具体阐述
人际交往的对象发生了变化	中学时代的人际交往对象主要有同学、教师、亲人,而进入大学后,由于生活领域的扩大,他们的人际交往对象有同学、教师、异性,有时还需要和社会中的人建立一定的人际关系。另外,从各地来的大学生素昧平生而被分配到了一个宿舍中生活,他们的脾气、生活习惯等各不相同,很多大学生出现了不适应的情况。

续表

主要表现	具体阐述
人际交往的要求发生了变化	进入大学后,面对新的交往对象,大学生要独自运用自己的方式去进行人际交往,大学时代的人际交往社会性逐渐提高,大学生们由于生活在了一个新的环境中,所以他们迫切需要建立新的人际关系。但很多大学生由于缺乏人际交往的技巧,经常出现人际交往问题,这些问题如果处理不好,会对大学生的身心健康造成不良影响。

(六)管理环境的变化

相对于中学时期在学校有老师的严格管理,事事由老师安排,在家有家长的严密监督,大学阶段则更强调学生自我管理、自我教育、自我服务和自我约束。总体来说,大学的管理氛围是外松内紧的。所谓外松内紧,主要是指大学生中的各种管理就其形式来说看起来很轻松,有一定的自由度,但其实质上更为严格。这种严格不仅来自他律,更重要的是来自自律。中学时代也有压力,也可以感受到学校的管理,但是这种管理是外力型的。同时,大学的教学管理和生活管理也与中学阶段有了很大的差异。大学的教师不像中学的教师那样管得具体、细致,大学辅导员虽然也关心学生的日常生活、起居事宜等,但是他们的职责更多的是通过指导、组织学生开展多种多样的活动,培养与发展学生自立、自主、自理的精神。

第二节 大学生常见的适应问题

一、生活方面的不适应

大学生在生活方面的不适应主要表现在以下几方面。

(一)在自然环境方面不适应

自然环境适应主要是指新生对就学地的气候、空气湿度等自然环境的适应。由于我国地域广阔,长期以来形成了南方、北方在气候、空气湿度以及人们采取应对方式的明显不同。北方的气候特征通常是冬天比较寒冷,四季少雨干旱,空气湿度低;而南方则是冬天比较温暖,常年多雨湿润,空气湿度高。在第一学期的后半学期,不少南北跨越求学的新生就因上述自然环境的差异而导致各种水土不服,出现不同程度的身体不适,甚至是严重身体疾病。

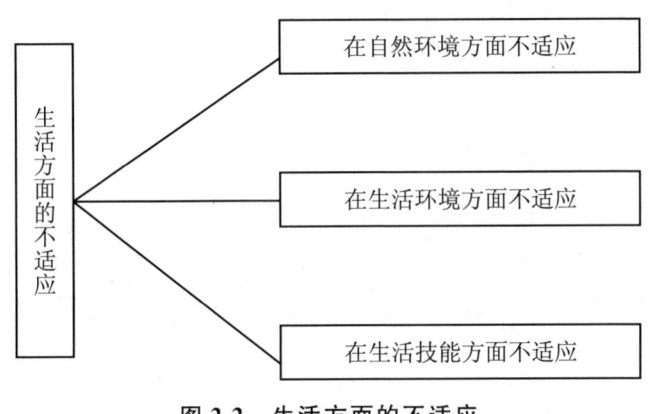

图 2-2　生活方面的不适应

(二)在生活环境方面不适应

新生的生活环境适应主要包括居住环境、生活习惯、饮食习惯三方面的内容,其中生活习惯往往因和外界存在显著差异而导致适应难度较大。寝室是大学生生活、学习的重要场所,同学们大部分时间是在寝室度过,但是这也会导致新生因自己的生活方式和其他同学的差异而产生各种摩擦、矛盾,有的新生因此难以适应大学生活。生活习惯适应的最大挑战是他们在上大学前形成的生活(包括学习)规律与学校作息制度、寝室其他同学的生活规律不一致、不协调,其中以睡眠规律所引起的冲突最为突出。饮食习惯的适应与前两者比难度虽有所降低,却更有普遍性,尤其是对饮食有特殊要求的少数民族新生来说,饮食习惯适应尤为艰难。

(三)在生活技能方面不适应

新生在上大学前,基本上过着"饭来张口、衣来伸手"的生活,由此造成新生的生活技能普遍欠缺。新生上大学后除了学习外,还必须掌握一些基本的也是必需的生活技能或自理能力,这些对于刚刚开始独立生活的新生来说是个不小的挑战。此外,新生还需及时学习并掌握必要的生存技能,如防盗、防身、自救等。这些生活技能的不足常常导致新生出现异常强烈的恋家、迷茫、焦虑、恐惧等心理。

二、学习方面的不适应

(一)学习动机缺乏

我们经常看到这样的现象,一些中学时勤奋刻苦的学生在进大学后,整个人便松懈下来,躺在"60分万岁"的旗帜下无所事事;有的人也想把学习搞好,但又总提不起劲,拿起书便觉得厌倦。这便是学习动机缺乏。

(二)考试焦虑

对于大多数大学生来说,在考试之前由于担心自己考不好而有一定的心理压力是很正常的,但如果这种压力过大,出现了严重的考试焦虑,那么就应该引起重视。概括来说,考试焦虑的危害如下。

1. 过度考试焦虑易分散注意力

干扰回忆过程,阻碍思维过程,造成考试能力的下降。

2. 过度考试焦虑对心理健康的危害

这使人情绪难以稳定,终日焦躁不安,或郁郁不乐;严重者还会走上自伤的道路。

3. 过度考试焦虑对身体健康的危害

过度考试焦虑的长期持续,可导致大脑神经活动兴奋与抑制功能失调,形成多种类型的神经性精神疾病。另外,易导致如冠心病、胃溃疡、胃炎等疾病。

（三）学习方法不当

学习方法不当的主要表现如下。

第一,学习无计划,看什么,做什么,学什么,心中无数。

第二,不求甚解,死记硬背。

第三,不会科学利用时间,加班加点但忙不到点上,效果不佳,或平时不抓紧,临考试手忙脚乱。

第四,不能形成知识结构,没有使所学知识形成有序的框架结构,形成系统化。

第五,不会听课,课前不预习,课上开小差,不记笔记,或充当录音机角色,全记上,课后不及时复习总结。

第六,不善于科学用脑,不注意劳逸结合。

第七,抓不住学习上的重点和难点。

第八,不会阅读,不善于选择阅读书目,无阅读重点,无阅读方法。

第九,不善于把理论与实践相结合,不会学以致用。

三、社交方面的不适应

社交是人们在日常生活及社会实践中互相交流思想、感情、意见的过程,是人与人互相接触、进行精神与物质沟通的过程,也可以说是交换信息的过程。社交障碍主要是指在社会生活中,人际关系适应能力低下,人际交流困难,属于心理不健康的表现,但尚未发展到心理疾病。

社交适应不良是当前大学生经常出现的问题,但大多数是轻度的障碍。轻度社交障碍是社会适应水平低下的表现,不能视为心理障碍,只有严重的社交障碍者才属于本型心理缺陷。大学生社交适应不良主要表现在以下几方面。

第一,缺乏人与人之间接触交谈等主动交流的心理能力。在人前面红耳赤、目光紧张、心跳加快、讲话吞吞吐吐、难以自我控制等。

第二,在学校里上课不敢提问发言。

第三,通常性格表现为内向、文静、胆小、多虑、不合群。

第四,智力不低,工作和学习能力并不减退,有时还超过一般人。除了社交和情感障碍外,无其他心理行为异常表现,不影响一般生活能力。

社交适应不良的学生有些是从小性格内向,缺少交往,不善交际,以至于对社交顾虑重重,常怀有胆怯心理。

四、心理方面的不适应

(一)理想与现实的差异导致困惑失望

很多大学生在入学之前,都把大学生活想象得完美无缺,如高效率的学习,生动活泼的课外活动,有意义的社会实践和高素养的人际交往等。有的甚至把高校想象为"理想的世界""青年生活的乐园"。也就是说,他们对大学生活抱有不切实际的幻想和过高的期望值,而对高校艰苦的学习和简朴的生活则缺乏必要的思想准备。当进入大学之后,就会发现现实生活中有许多不完善和不尽如人意之处,与期望形成强烈的反差,从而使他们困惑、迷惘,产生了失望感,情绪消极、低落。理想与现实的差异还表现在专业学习方面。未入大学之前,许多学生都把自己所学的专业想象得很有趣,认为自己选报的专业完全符合自己的需要。但当入学之后,特别是学习一段时间之后,发现自己的专业并非原来想象的,于是不安心学习本专业课程,甚至对自己的专业产生了反感和厌恶的情绪。一位报考工科专业的大学生入学一年后,发现自己最感兴趣的实际上是文学知识。由于专业的限制不能调到文学专业,只好硬着头皮留在工科专业,虽经不懈努力,成绩仍然平平。最终,由于产生失望导致严重的情绪障碍。

(二)角色地位的改变导致认知失调

大学生的失落感和自卑情绪,实际上主要是由过低的自我认知造成的。因为此时整个社会依然把他们视为优秀人才或胜利者。失落感和自卑情绪不仅影响大学生的学习和工作效率,而且影响人际交往,使良好的人际关系产生裂缝。失落感和自卑情绪还使大学生在集体活动中消极退避,自尊受到伤害,严重降低心理健康的水平。

(三)情感与归属的失落

在上大学前,每个学生都有一个相对稳定而又比较熟悉的情感与归属网络,即父母、老师、同学、朋友。而进入大学后,面临一个全新而陌生的人际环境,多数新生深深体验到"独在异乡为异客"的孤独,其突出表现为"没有朋友""没有好朋友""心烦时连找个说话的人也没有"等。这种失落感往往造成新生难以对其学校、班级、寝室产生认同感,容易导致一种隐蔽而深刻的认同危机、孤独感、疏远感,并很可能由此而引发其他各种心理不适。

五、协调发展方面的不适应

高中生的发展任务往往比较单一,主要是学习,其他都会被学习所淹没。大学生的发展任务则比较多样,除了学习之外,还有生活自理、人际交往、社会工作、个性完善等多种发展任务。对一个新生来说,如何协调好学习与其他多种发展任务之间的关系,是一个很大的挑战。不少新生往往"顾此失彼",走向了"两极",要么是只完成学习的发展任务,无暇顾及其他发展任务;要么是投入社会工作等其他发展任务中,而忽视学习这个基本发展任务的完成,导致期末考试成绩不及格;很少有新生能够综合规划、合理协调地完成各种发展任务,实现全面发展。协调完成各种发展任务不仅对新生顺利适应大学起着重要的促进作用,而且对他们以后在整个大学阶段的全面发展和潜能大开发也有着重要的奠基作用。

第三节 大学生良好适应心理的培养

一、正确认识自我

认识自我,正确评价自己和别人,合理的自我定位,完整的自我意识是调整角色、取得自我心理平衡、适应社会环境、搞好人际关系的前提。因为自我评价过高,容易引起别人的反感;自我评价过低,会产生自卑心理,导致离群孤独,失去自信。当认识自我、调整角色有困难时,可以向班主任、辅导员、心理咨询老师求助,也可以听听老乡,同学的意见,但主要靠自己独立思考,进行自我心理调整。

二、积极认识主客观环境

大学新生入校后,角色和环境都发生了变化,在新的角色和环境面前,应该正确认识客观环境,合理调控自己的情绪,恰当地确立新的目标,为适应新的角色和环境创设良好的主客观条件。正确地认识客观环境对一个人的心理发展有着重要意义,如果不能正确认识环境就难以适应环境,就会产生一些与环境格格不入的心理,长此下去,容易出现心理障碍或疾病。大学生都生活在具体环境中,并接受其影响,人与环境除了一致的、协调的关系外,还有矛盾的、冲突的关系。而在人的一生中,人与环境的矛盾、冲突往往是无法避免的。大学生们当然希望有一个良好的育人环境,但是,大学校园毕竟不是"世外桃源",所处的社会环境也不会尽善尽美,因此我们不能奢望有一个理想化的环境。每个大学生都有权设计自己的未来,但是每个人的理想、愿望、动机或目的都应该和周围环境相一致。

三、树立正确而稳定的专业思想

大学生专业思想稳定的程度与适应密切相关。新生刚入校的时候,往往有一部分人产生专业思想问题,他们不愿意学或者不热爱自己所学的专业,成为大学生适应的主要心理障碍。究其主要原因,是个人的利益与社会的环境条件出现了矛盾,这就需要每个大学生正确处理客观存在的矛盾,树立正确而稳定的专业思想。

四、调整生活方式

生活方式对人的身心健康的影响已经越来越引起人们的普遍重视。生活习惯是生活方式的集中体现,是由于重复而巩固下来成为习惯的行为方式。人的生活习惯包括饮食习惯、起居习惯、娱乐休闲习惯、学习习惯等。良好的习惯可以使人精力充沛、精神焕发、朝气蓬勃；不良的生活习惯会造成对人身心两方面的危害。通过观察大学生的日常生活,可以发现,大学生中存在一些不健康的生活习惯,最普遍的有睡觉不规律、运动不足、饮食不当。生活习惯与人的身心健康有着极为密切的关系。养成良好的生活习惯会使人受益终身。大学生正处在成长期,具有一定的可塑性,完全可以通过主观努力与实际行动摆脱不良的生活习惯,养成良好的习惯。主要可以从以下方面入手。

(一)坚持锻炼

大学期间的学习任务很重,长时间的读书,会使大脑兴奋、抑制过程失调,导致神经衰弱。坚持锻炼身体不仅可以使肌肉发达、关节灵活,增强心血管功能、促进生长发育,而且还可以提高中枢神经系统的反应能力,使人反应灵活、适应变化、消除疲劳减轻精神压力,同时也会使人感觉敏锐,增强观察力、注意力、记忆力的发展,提高思维的敏捷性和灵活性,从而具有自信,保持乐观开朗的情绪。

(二)作息规律

第一,大学生应该做生活的主人,学会驾驭生活与时间,安排好学习、生活和娱乐,做到有计划、有效率地利用时间。

第二,培养良好的生活习惯,作息有规律,不熬夜,不贪睡,保持精力旺盛。

第三,充分利用闲暇时间,从事娱乐、社交和其他有益的活动,从而丰富自己、发展自己、完善自己。

(三)兴趣广泛

大学生在学习之余应培养和发展多方面的兴趣,参加一些有意义的活动。比如,参加社团活动和社会实践以丰富自己,多听演讲报告以充实自己等,这些活动不仅可以使单调的生活得以调剂,而且还会增加生活乐趣、焕发精神。同时,参加有兴趣的活动还可以得到他人的接纳与认同,获得朋友的支持与帮助,满足社会交往等精神需要。

五、学会学习

目标的确立指导着行为的选择,在行为选择的过程中远大目标的引导,坚毅顽强的意志品质和性格,高度的自尊与自信,是影响行为选择的重要因素。目标的确立要根据社会环境和自我的条件,既要实事求是、脚踏实地,又要有远大理想,志存高远;既要有长期的发展目标,又要有近期的行动目标。目标的高度要适度,过高或过低都不利于我们的发展。不但在完成学习任务中要勤奋刻苦,自强自立,在生活中更要自强自立;要学会生活,学会独立处理生活中出现的问题,学会面对各种困难和挫折,学会快乐地生活和学习。

六、主动交往

学会与人交往,以积极的态度去适应人际环境,使自己融入集体中。有了良好的人际关系,才会有安全感、归属感和幸福感,心情才能愉快充实。

(一)完善自己的个性

不断加强个性修养,提高心理素质和人际适应能力是个体发展的重要内容。特别是个性倾向方面的修养在个性自我修养中尤为重要。一个有良好个性修养的人是别人喜欢的人,是会获得别人尊重的人。

(二)学习人际交往理论与技巧

要学习人际关系的心理行为理论。人际交往既要讲原则,也要注意交往方法和技巧。概括来说,在社交技巧和策略方面,应注意做好以下三点。

1. 注意在人际关系中保持"人缘型"心理特征

即要保持尊重人、关心人、乐于助人、真诚待人等心理特征,这是社交技巧和策略的首要心理基础,必须自觉培养。

2. 在社交中善于自我心理调节

第一,善于对他人采用安慰和弥合的方法,调解社交矛盾,使之恢复心理平衡。随后根据不同的心理特点,做好深入细致的工作。安慰是对矛盾冲突进行想方设法地劝解和抚慰,使对方消气,暂不评论是非,以后慢慢加以开导;弥合是劝慰调和,互让互谅,求大同存小异,不使矛盾激化。

第二,具有宽宏的胸怀,要有"让人不为丑,饶人不为痴"的大度大量,不为社交中细小矛盾纠缠而斤斤计较。

第三,充分了解对方的心理特点,交谈时做好心理准备,采取适当的处理策略。例如:对于自尊心强的人,尽量不要直接反驳他的意见,以免发生冲突,以迂回曲折代替单刀直入。对抑郁型的人要给予更多的劝慰、支持和鼓励。

第四,要培养善于观察别人的真实需求和情感反应的素质,善于站在别人的立场上,多替他人着想。

3. 自觉改正不良习惯,培养良好社交风度

影响一个人社交风度的不良习惯主要有语言、行为和品性三个方面,因此必须注意做好如下几点。

第一,说话和气、文雅、谦逊、富有幽默感;不良社交习惯则表现为言辞粗俗、盛气凌人、暴躁生硬、不能与人为善。

第二,端庄正直,具有稳定感。行走从容不迫,快慢自然,稳健轻松;坐时自然、文明。

第三,性格开朗,机智敏锐;既不自卑,也不傲慢。改变不良习惯在于坚持,并要善于观察周围好的榜样,自觉模仿实践,经常请别人督促、提醒。

(三)及时排除社交障碍

在交往中遇到困难,出现不适心理就应调动内在力量去努力克服,有四种方法可供参考。

1. 不同对比法

当遇到对方在社交方面比你出色时,不要拿自己盲目与对方进行比

较,不要妄自菲薄,而可以这样想:他确实不错,但人各有长处,我在这方面不如他,不过在别的方面我也有自己的长处。"梅须逊雪三分白,雪却输梅一段香",明白这个道理,便会变得自信起来。

2. 相同对比法

在出现社交障碍时,可以这样想:别人开始时也跟我差不多,也都会感到紧张,不管什么事,刚开始都不见得能做好,大家都一样,未必我就比别人差。这样去想,就能减少紧张和恐惧。

3. 感情接近法

这种办法对于克服与领导、长辈、异性交往中的恐慌心理有很好的作用。具体做法是,当你与他们在一起时,不要过分考虑他们的身份、地位、年龄与性别,而不妨这样考虑:假如他(她)是我的长辈,是我的兄弟姊妹……首先在自己感情上与他们亲近起来,就不拘谨难耐了。

4. "难堪练习法",或暴露疗法

让社交障碍的人到人群中去公开表演、唱歌、朗诵或在公共场所叫卖,一次、两次,从易到难,直到恐惧感消失为止。

七、增强素质,提高适应能力

在大学里,要自觉接受全面的素质教育,主动提高和发展自己的各项素质。要主动参加学校的社团组织和其他集体活动,要积极参加户外锻炼,以培养和锻炼自己的体魄和意志。相信只要勇敢地面对环境,面对家庭、学校、社会,面对学习、工作和人生,及时自我调整与主动适应社会环境,一定能提高适应能力,促进全面发展,把自己培养锻炼成为心理健康的优秀人才。

八、培养良好的心理品质

(一)要增强自信,消除自卑

一个人一旦失去了自信,他便在交往中显得茫然不知所措,虽然内心也有渴求交往对象理解的需要,但总是担心,害怕受到拒绝和耻笑,进而自我贬低。只有树立完全的自信,才能在精神和肌肉上都有所放松,从而显得坦然自若,沉着镇定。

(二)不要过多计较别人的评论

当事者须认清恐惧是一种心态,不要轻信主观感受,不要浪费时间去揣测别人对自己的态度。每个人为人处世受到别人的评论是很正常的事,不必过于看重。别人的评论,不论是肯定的,还是否定的,都应看成是对自己的一种促进,应以此为动力。

(三)学会通过暗示来控制自己的情绪

当你在一个陌生的场合,自感有可能紧张、羞怯时,应暗示自己这正是锻炼自己的一个好机会,自己一定能成功,从而建立胜利的信心,使自己能镇定下来。

九、学会调节

(一)积极暗示

主要通过自我内部语言或文字的形式来激励自己,调节自己的情绪、增加自信心。

(二)合理宣泄

第一,可以向亲人、朋友、同学及你认为可信的人倾诉心中的苦恼。
第二,可以参加体育文娱活动、户外活动来宣泄自己的不良情绪。

(三)转移和升华

把消极的情绪转移到积极方面,从不适应的失败、挫折中吸取教训,把时间和精力升华到学习、工作和有社会意义的活动中去,既转移了痛苦的感受,也有可能得到成就感的体验。

(四)充分利用各种资源

第一,多与人交往和沟通,争取更多的信息。

第二,多向师长请教,向别人学习。

第三,在自我调整不奏效时,可以到学校心理咨询机构咨询,请心理咨询专业人员帮助进行心理疏导,从中学习到一些调节心理适应的知识和办法。

(五)学会遗忘

克服恋旧心理,要面对现实,积极参与到现实的群体中去,学会忘掉不愉快的事件。

第三章　形成良好人际关系

大学生正处于学习知识和不断社会化的过程中,总要不断地遇到和处理这样那样的人与人的关系。正确认识和处理这些关系,对于实现人生目的和人生价值,对于确立正确的人生态度等都具有重要意义。

第一节　人际关系概述

一、人际关系的概念

人际关系就是人们在进行物质交往和精神交往过程中发生、发展和建立起来的人与人之间的关系,它是社会关系的一种表现。

二、人际关系的特征

人际关系一般具有如下三个特征(图3-1)。

(一)主动性

人与人之间的关系表现为一种思想行为的互动过程,它是人际交往的实质。在生活中,互谅、互让、相亲相爱都是互动行为。人们就是在这种互动行为中联系在一起,形成丰富多彩的人际关系。

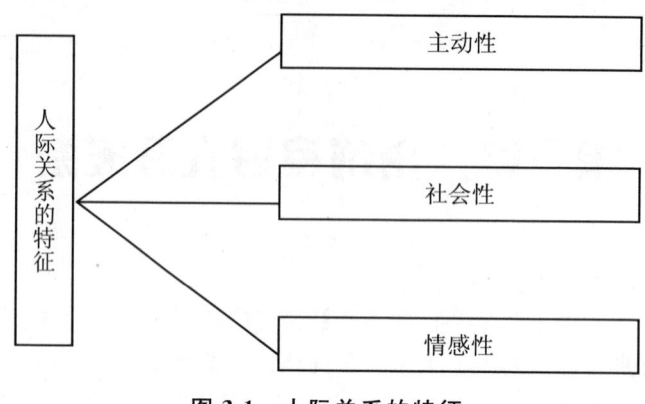

图 3-1　人际关系的特征

（二）社会性

人际交往是社会交往的联结点，是指任何社会交往必须在人际关系这个载体上进行。人的一切社会性需要只有通过人际关系才能得到满足。没有由个人为基本单位组织起来的一般社会交往，根本谈不上社会群体、组织、党派之间的高层的社会交往。

（三）情感性

人们通过情感这个纽带形成一定的人际关系。现实生活中，人的感情是十分丰富的，因此，在这个基础上形成的人际关系是复杂多变的。例如，同志感情、同学感情等自然形成各种人际关系，但他们之间的亲疏程度是不一样的。可见，人际关系中感情的力量起着重大作用。

三、人际交往

（一）人际交往的概念

人际交往是指社会活动中人与人之间的相互沟通信息、相互施加影响的过程。从本质上看，人际交往的过程是信息交流的过程，交流的内容就是思想、观点、情感、态度等信息。信息交流，主要是借助于语言符号来进行,也以非语言符号为辅助手段,最终达到心理沟通、理解、协调和建立一定的人际关系之目的。

(二)人际交往的功能

人们只有在交往过程中,才能保证共同活动和目标的实现。因此可以说,人际交往是人们学会适应环境、适应社会生活,形成丰富健康的个性心理,从而胜任各种社会角色的基本途径。具体来说,人际交往具有以下功能(图3-2)。

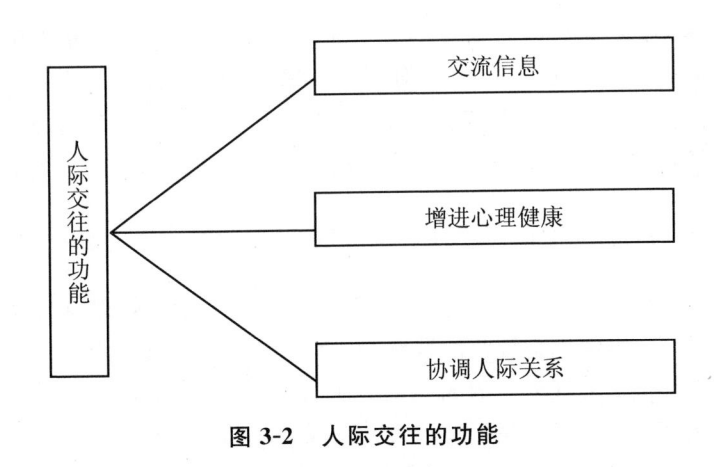

```
                    ┌─────────────┐
              ┌────→│   交流信息   │
              │     └─────────────┘
┌──────────┐  │     ┌─────────────┐
│人际交往的功能│──┼────→│ 增进心理健康 │
└──────────┘  │     └─────────────┘
              │     ┌─────────────┐
              └────→│ 协调人际关系 │
                    └─────────────┘
```

图 3-2 人际交往的功能

1. 交流信息

通过交往,人们能很快地沟通信息、增长知识、启发思考。交往是一种思想交换的过程。信息沟通是人际交往的重要功能。每个大学生不仅应从书本上学习知识,而且还应当在人际交往中学习知识,况且在人际交往中能学习到书本上学不到的东西。在学校,除了同学之间、师生之间的交往外,还应当参加一些以学习为目的的郊游、参观、社团活动等,在有组织的活动中进行各种各样的思想交流,以达到相互学习、相互理解、提高能力、丰富情感的目的。

2. 增进心理健康

交往需求在人的需求结构中占有相当重要的位置。如果这一需求得不到满足,就会出现孤独、忧伤、惊恐、急躁等情绪,从而导致心理疾病。美国心理学家哈娄等人对猴子经过一段时间的"社会剥夺"研究发现,被隔绝交往的猴子远比正常交往的猴子有更加强烈的恐惧反应,在情绪和交往行为上受到了不同程度的伤害。对人的研究同样发现了这种结果。有人研究了孤儿院的儿童,发现孤儿们由于过着平静而孤单的生活以及缺乏应得的爱抚和社会的交往机会,不仅在智力、言语能力上低于同龄儿童,而且社交能力差,表现为对人冷淡,缺乏社交愿望或狂热地要求他人的爱抚。由此可见,人际交往也正是人之维持精神健康的基本需要。[①]

一般说来,交往时间较多、交往空间范围较大的人,往往精神生活更丰富、更愉快。因此,人际交往对于个人来说,是生活中不可缺少的行为,从生到死都不能停止,充分的、良好的人际交往是保障个体心理发展与健康的重要手段。

3. 协调人际关系

人际交往具有能够使团体或组织内部各个个体之间保持行动上的协调和默契,以保证实现共同目标的功能。共青团中央组织的青年志愿者活动,吸引了许许多多的大学生。他们自愿结成活动小组,为社会服务。在服务中,他们加强了与社会的交往,而且内部成员之间也结成亲密的朋友。当代大学生的心理特点之一,是希望通过自己的人际交往,结识更多的朋友,增进自己的社交能力,更好地适应社会,更好地为社会服务。

(三)人际交往的原则

1. 平等原则

平等原则是建立良好人际关系的前提条件。人们在交往的过程中都希望受到平等的待遇、建立平等的关系、进行平等的相处,这是人们对于交往的需要。虽然人际关系中的交往双方因社会角色不同对对方产生的影响是不对等的,但这并不影响双方交往中的平等地位。大学生年

---

① 赵明吉,刘志岫. 大学生管理工作研究[M]. 济南:山东大学出版社,2007.

龄、经历、文化水平等大体相似,无论来自农村或城市,学文或学理,年级高低,都应以平等原则与人相处和交往。若是自视特殊、居高临下就会被集体所孤立,产生心理上的孤独感。

2. 诚信原则

诚信原则要求人们在交往中说真话、讲信用、重承诺,要直率坦荡、实事求是,要遵守交往双方的约定,不随意推脱敷衍。遵守诚信原则才能使交往对象感到踏实和放心,才能在交往过程中赢得信任和尊重。

3. 尊重原则

每个人都期望在人际交往中得到尊重,尊重能使人产生信任和坦诚等情感,缩短人们交往的心理距离。尊重包括自尊和尊重他人两个方面。自尊就是保持自身人格的尊严,即人的自重与自爱。每个人都有自己的尊严,也特别期望获得他人的尊重。

在现实生活中,与我们打交道的人并不一定都是自己所喜欢的对象,即便如此,也应该在平等原则的基础上尊重对方,包括尊重他人的人格、权利和劳动成果。只有如此,才能获得他人的尊重。

4. 宽容原则

宽容就是在人际交往中对非原则性的人或事,采取一种原谅、饶恕、不予计较和追究的态度。

5. 互助原则

人际交往是以能否满足交往双方某种需要为基础的。互助即是在一方需要帮助时,另一方在能力范围之内及时地提供帮助,这种帮助包括物质、精神和情感等多个方面。在个体的人际交往过程中,互助原则是必不可少的。遵循互助原则可以进一步增进双方的情感交流,建立稳固的人际关系。

6. 适度原则

遵守这一原则,在主观上必须认识到,即使在最亲密的人际关系中,双方的心理世界也不可能达到完全的重合,即取得完全一致,而只存在多大程度上取得一致的问题。无论是同学之间、朋友之间还是夫妻之间,无论关系多么亲密、感情多么融洽,也无论双方在主观感觉上认为彼此是如何的完全拥有,双方都不可能达到认知、行为、态度和情感的完全一致。所以,要保持良好的人际关系,一定要坚持适度原则,这也是美学原理"有距离,才有美"在现实生活中的实际运用。

7. 互利原则

互利原则就是要求人们在人际交往的过程中,双方都得到好处和利益,获得心理上的平衡。这种互利既有精神上的互利,也有物质利益上的互利。人际交往中的精神互利就是指交往的双方互相接纳、互相肯定、互相支持、彼此宽容、共同发展。人际交往中的另一种互利体现为利益上的对等交换,即在人际关系中,交往的双方总是在价值观的指导下来衡量交往是否有价值,如果在两人的交往过程中,一方付出了很多,但却没有或很少有回报,那么他(或她)就会心理失衡,觉得这种交往不对等,进而回避或主动结束交往。大学生在人际交往中,应在互利原则的指导下,彼此求同存异、互相容纳,不但要欣赏、接纳对方的优点与长处,还要宽容、谅解他人的缺点与过失,在感情上相融相通,在物质利益上互惠互利,只有这样才能获得良好的人际关系。

(四)大学生人际交往

1. 大学生人际交往的特点

在复杂的人际交往中,大学生的交往基本上是全方位的交往,既继承了一般人际交往的优秀特点,同时又赋予人际交往新的内容和方式。概括来说,大学生的人际交往具有以下几个特点(表3-1)。

表 3-1　大学生人际交往的特点

大学生人际交往的特点	具体阐述
纯洁性	大学生交往的纯洁性主要表现在以下几方面。 第一,交往过程受经济因素的影响很小。由于大学生的主要任务是学习,不存在经济问题,因此,排除了经济上的关系以及由此带来的利害冲突。 第二,大学生以平等的姿态对话,因此人格平等,位置相近,不存在谁高谁低的问题,交往起来轻松自如,没有特权等级观念。 第三,大学生偏重于思想感情的交往。
开放性	尽管处于青年期的大学生在心理上有一种闭锁性,不愿轻易向人敞开心扉,但这只是现象。从本质上看,每位大学生都期待着交往和友谊,都在默默地敞开自己交往的大门。与大学生交往需求的多层次、多侧面相适应的交往方式也是丰富多彩的。

2. 大学生人际交往产生的原因

大学生人际交往产生的原因如表 3-2 所示。

表 3-2　大学生人际交往产生的原因

大学生人际交往产生的原因	具体阐述
个体的逐渐成熟	大学期间,学生个体的生理、心理、思想逐步走向成熟,未来的职业也需要大学生逐步完成社会化的过程,这一切都离不开人际交往。这种人际交往需求的重要性超过了填补感情真空的需求,它对大学生在学校里顺利成长、锻炼成社会所需要的全面发展的合格人才是必不可少的。

续表

大学生人际交往产生的原因	具体阐述
生活环境的变化及家庭亲情的减弱	绝大多数大学生都脱离了原有的生活环境,从原来与家人在一起生活改变为独立的集体生活。长期与家庭生活的脱离,使大学生在家庭亲情方面大幅减弱,久而久之会形成感情交流上的真空。而大学生的人际交往活动激发出的感情,恰恰可以弥补亲情减弱留下的感情真空。这正是推动大学生人际交往产生的重要原因之一。
大学毕业生自主择业	随着我国市场经济的发展,大学生的就业方式变成了自主择业,学生除了加强知识和能力的学习与培养外,还要自己选择职业,自己推销自己。能否找到满意的工作,与个人的人际交往能力有重要的关系。所以,大学生较过去更为重视在社会交往中锻炼自己的交往能力。

(五)人际交往与大学生成才

1. 人际交往对大学生成才的促进作用

(1)人际交往是青年完成社会化的需要

马克思主义认为,人具有自然属性和社会属性,人的社会化形成人的本质。不参与社会交往的人就会失去人的社会属性。青年大学生掌握科学知识仅仅是完成个人素质培养,并未完全具备人的本质特征,如果真正生活在社会中,就必须与他人建立广泛的社会联系,学会在一定社会关系中生活,学习适应社会的生存能力,使个体行为与团体行为达到协调和一致。

(2)交往能为个人成才提供一个良好的环境

人们通过交往,达到思想、观点、兴趣、情感和态度的交流。良好的人际交往可以使人满足生存需要与归属感,深刻体验到集体大家庭中的整体力量。青年人在这种氛围中可以充分施展才华,不断地完善自我和追求更高的目标,发挥超常的作用。

(3)人际交往是青年人继承和发展的需要

人类历史发展到今天,劳动者所创造的大量物质和精神财富需要继承和发展下去,大学生只有通过各种交往媒介,才能获取前人的劳动果实,也只有在这个基础上才能创造出更加辉煌的成果。大学生交往可以激发其发展智力和体力的热情。在广泛深刻的社交中,可以获得知识,激发创造欲望并付诸实际行动。大学生交往可以加深相互间的了解,激发竞争意识,不断加强自身建设。大学生交往还为其提供全面掌握各种职业技能和职业道德、学会从事各种职业的本领。大学生交往在获得全面发展的基础上,也使个性得到完满的发展。

2. 人际交往对大学生成才的不利影响

(1)新的人际环境容易给大学生造成心理失衡

大学生们离开了自己熟悉的人际环境,从祖国的四面八方走到了一起,但由于每个人的生活阅历、知识水平及思想认识的差异,这种人际环境的变化,对大学生来说是一种挑战。如有些在中学表现优秀的学生,到新的集体后未被重视,因而容易产生失落感,甚至时间长久后,与集体生活不相适应。

(2)人际交往给某些大学生带来新的苦恼和困惑

①不善于交往而引起的困惑

有些大学生不具备一定的交往能力,总是非常谨慎地处理同学关系,导致与集体生活不相容,甚至产生心理障碍。

②对人际关系的恐惧而引起的孤独感和冷落感

有的同学在复杂的人际交往面前,不敢放开手脚,过分夸大人际交往中的艰难,做事瞻前顾后,不敢表现自己。这样就不自觉地把自己封闭起来。

③缺少交往经验和能力而带来的挫折

由于学习任务的繁重和各种原因,不少大学生缺乏社会锻炼,因而缺少人际交往过程中的艺术方法和能力。进入交往角色后,这方面的弱点逐渐暴露出来。例如,有的学生在人际交往中花费的精力较多,造成学习成绩的下降和影响思想进步。还有的学生处理不好交往中各方面的关系,造成心理压力过大,引起困惑和烦恼。

第二节　大学生人际关系的类型与影响因素

一、大学生人际关系的类型

一般来说,可以将大学生的人际关系分为以下三种类型(图 3-3)。

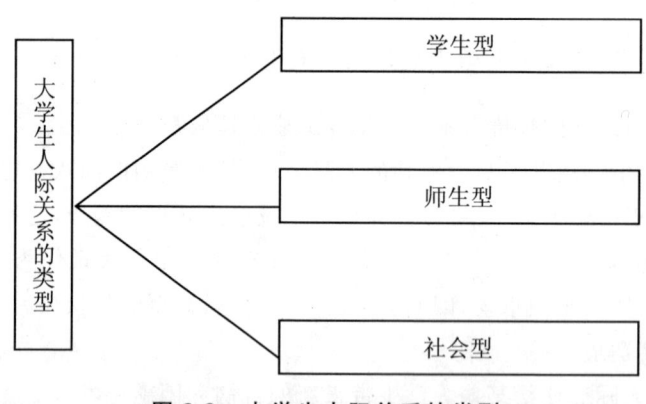

图 3-3　大学生人际关系的类型

(一)学生型

同学之间的交往关系是大学里重要的人际关系,由于年龄结构、知识水平等大致相同,大学生之间的感情最容易沟通。学生型交往关系包括两种。

1. 正式群体内同学之间的交往

正式群体内同学之间的交往,如专业、年级、班级、宿舍内的交往。

2. 正式群体之外同学之间的交往

正式群体之外同学之间的交往是由某种共同的爱好、兴趣,或某种需要、某种偶然因素所引起的。

大学中同学关系具有特别的重要意义,处理得好,集体和个人都会受益。特别是在氛围良好的班集体中,同学们可以互相帮助,团结友爱,对个人的身心健康有调节作用。

(二)师生型

高等教育是一个系统工程,学校除学生外,还有各级领导、任课教师、辅导员和班主任及必要的辅助人员;他们共同担负着教书育人、服务育人、管理育人的光荣职责。教师和学生之间的交往关系也是大学里基本的人际关系,即师生型人际关系。尊师爱生是师生关系的具体表现。大学生要顺利完成学业,就必须与这些成员往来,彼此结成一定的人际关系。在这类人际关系中,学生是教育和服务的对象,教师是教育者,学校以学生为主体,以教师为主导。

(三)社会型

社会型的人际关系就是大学生和校园外的团体和个人之间的交往关系。近年来,青年学生纷纷走出校门,他们在同社会各界交往过程中,更多地了解了国情,了解了人民群众的思想感情,了解新型的人际关系,对增长才干起到了补充和促进作用。但是,大学生片面追求"探索"和培养"活动能力",热衷于校外的、与学习无关的活动,会导致学业荒废,甚至留级、降级、被迫退学等。这一点应引起大学生的警惕。

二、大学生人际关系的影响因素

大学生人际关系的影响因素如图 3-4 所示。

(一)性格特征

大学生的个体能力、性格、品德等个性特征,是构成人际吸引的重要因素。心理学家奥尔波特(G. W. Allport)经过研究发现,人际吸引力第一是人的内在属性,如涵养、幽默、礼貌等;第二是形体的特点,如体魄、服装、仪表等;第三是个人表现出的特殊行为,比如新奇和令人喜欢的动作等;第四是个人的角色地位而引起他人的爱慕与尊敬。

```
                    ┌─── 性格特征 ───┐
                    │                │
大学生人际关系的影响因素 ─┼─── 需求互补性 ──┤
                    │                │
                    ├─── 距离因素 ───┤
                    │                │
                    ├─── 外表因素 ───┤
                    │                │
                    └─── 个人才能水平 ┘
```

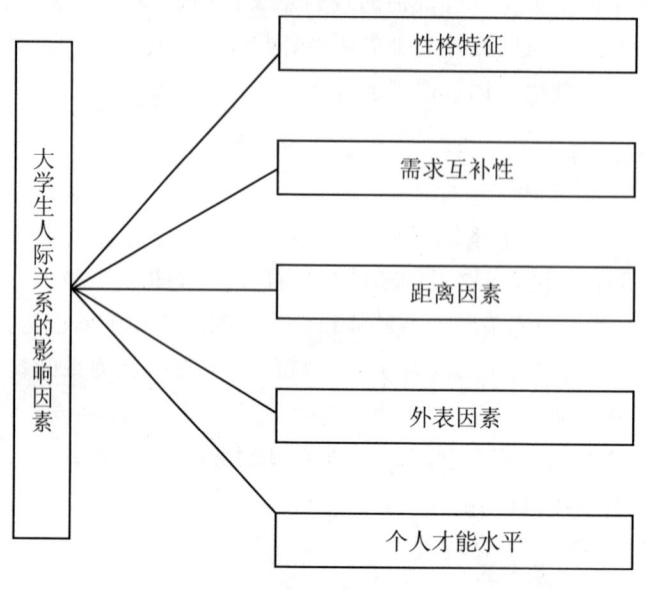

图3-4　大学生人际关系的影响因素

（二）需求互补性

除了相似性的因素使人与人之间容易接近之外，互补性也是密切人际关系的重要因素之一。所谓互补是指人的个性表面的差异，由内在的共同观点或看法来弥补。如果相似性是客观因素，那么，互补性可视为主观因素，互补实际上是一种主观的需要或动机。特别是异性之间，根据互补性原则结为姻缘的相当普遍。常言道，男刚女柔，刚柔结合，既相冲又相容。

（三）距离因素

俗话说，"远亲不如近邻"。这说明时空距离是形成密切的人际关系的一个重要条件。人们在时空上越接近，双方交往和接触的机会就越多，彼此间就越容易形成密切的人际关系。时空距离的接近有助于彼此经常接触，从而建立起较密切的人际关系。美国心理学家利昂·费斯廷格（Leon Festinger）等人调查研究了一个区域里的友谊模式，他们向17座独立的2层楼房里的住户提出询问："在该区社交活动中你最亲近的是哪3个人？"结果发现：居民与住得最近的人更亲近，最容易建立密切的友谊关系。其中有41%的人选择了隔壁的邻居为朋友,22%的人选择了隔一个门的邻居为朋友。由此可见,时空的接近性是密切人际关系的一个非常重要的条件。

(四)外表因素

爱美之心,人皆有之。一个人的长相、穿着、仪表、容貌、体态,往往是构成人际吸引力的重要因素,特别是在初次交往和第一印象中。亚里士多德曾经说过:"美丽比介绍信更具有推荐力。"一般情况下,开始的时候往往把对方的个人仪表、外貌、特征视为最重要的。但是,随着双方交往的深入,吸引力将会从外在的仪表美逐渐转向人内在的心灵美,把心理品质视为最重要的因素。

(五)个人才能水平

大学生比较崇拜和羡慕有真才实学的人。一般说来,一个人的才能出众或有某方面的专长,对别人就有一种吸引力。当然,有时候过于精明强干的人也不一定都受人喜欢。社会心理学家阿伦森(E. Aronson)的研究结果显示:十全十美的人(实际上不存在),使人感到高不可攀,敬而远之,人们往往不敢与之交往。相反,有小缺点的才能超群者往往更受人们喜爱。大学生们经常说:"没有缺点本身就是最大的缺点。"所以,个人的才能与专长是指个人某方面的出类拔萃、超群脱凡之处,而不是指十全十美,这也是一个人吸引他人魅力的重要组成部分。

第三节 大学生常见的人际交往问题

一、大学生出现人际交往问题的原因

大学生出现人际交往问题的原因主要包括三方面,如图3-5所示。

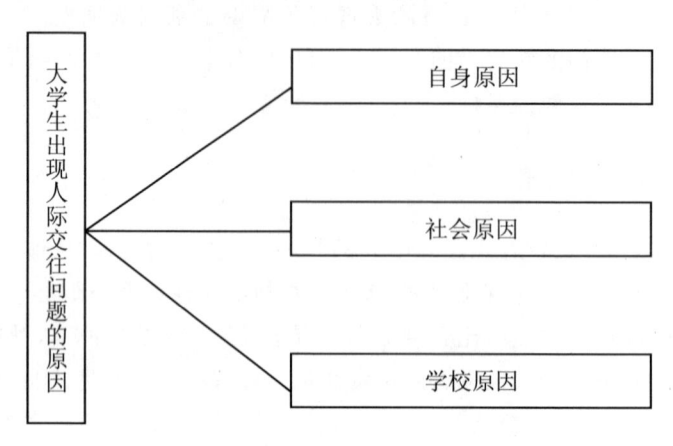

图 3-5　大学生出现人际交往问题的原因

(一)自身原因

随着生理、心理的迅速发展,大学生的参与意识逐渐增强,渴望认识社会、参与社会,扩大自己的生存空间;大学生远离家庭生活,与亲人分离,情感失落,由于情感补偿的需要,他们渴望与人交往,珍视友谊。这些因素构成了大学生交往需要的内在因素。但大学生在人际交往的过程中也容易出现问题,其中突出的自身原因在于自我评价不当。过低评价自己,产生自卑心理,自卑心理又可以进一步导致羞怯心理;过高评价自己,则产生自负心理,自负心理又可以进一步导致傲慢心理。自我评价的偏差,导致人际交往过程中的失败。

(二)社会原因

今天的社会生活背景,是当代大学生交往需要迫切性的客观原因,也是交往内容丰富性的现实基础。我们的社会正处在变革之中,新观念正在确立,旧观念并未完全消除,至今仍在影响着人们的思想。

社会对大学生的影响是一种自发影响,既有积极影响,也有消极影响。社会上一些人互相利用,编织关系网;一些人拉帮结派,搞小集团;一些人任人唯亲,排斥异己;一些人不讲原则,只徇私情。这些不良的社会交往,对大学生起着潜移默化的作用,也是大学生出现交往问题的重要原因。

(三)学校原因

大学生交往障碍普遍存在,与他们涉世不深、经验不足有关,但更主要的原因是学校缺少对大学生进行交往方面的教育和指导。由于缺乏交往方面的心理教育和技术教育,大学生在交往中容易受挫,受挫之后再得不到及时的指导和调适,导致回避与人交往,自我封闭限制了交往能力的发展,反过来又加重交往障碍,造成恶性循环。

二、大学生容易出现的人际交往问题

(一)人际交往的需要迫切

人际交往是人的基本需要,当代大学生的交往需要更为强烈、更为迫切。交往需要的迫切性,一方面表现在交往需要的广度上,孔子曰:"独学而无友,则孤陋寡闻",大学生希望广交朋友,不但想交校内朋友,而且想交社会朋友,渴望建立广泛的友谊。另一方面表现在交往需要的深度上,大学生也希望深交朋友,交知心朋友,能够推心置腹、交流情感、相互理解、互相帮助。大学生迫切的交往需要反映出他们现代交往意识的强化。但在这种迫切交往的需求下,很多大学生没有保持清醒的头脑,没有好好考察过交往对象的背景等,这就导致容易出现人际交往中的问题。

(二)注重横向交往,忽视纵向交往

同学之间年龄、经历相同,生理、心理发展水平相当,理想信念一致,这些相似的自身条件使同学之间容易发生情感共鸣。所以,大学生乐于横向交往。

师生关系亲密是中华民族的优良传统,老师不仅是学生的知识传授者,而且也是学生的做人楷模。与品德高尚、知识渊博的老师结成忘年之交,学生往往可以受益终身。但是,大学生不太注意与老师交往,除上课之外,其他时间很少与老师接触,有时甚至是故意回避,敬而远之。所以,大学生缺少发展师生间的纵向交往。

(三)交往中的哥们义气较重

大学生的哥们义气主要存在于非正式群体之中。在高校,大学生非正式群体十分普遍,非正式群体是由情投意合者自发形成,不像正式群体那样有明确的规章制度和行为准则,而是靠情感相维系,以情感来调节,非理性成分相当大。如果得不到正确的引导,由于非正式群体感情色彩浓重,加上大学生感情自控能力较弱,往往容易失去正确的交往准则,被感情所左右,养成哥们义气的作风。

(四)交往恐惧

交往恐惧是一种比较常见的人际适应不良。在此需要特别说明的是,交往恐惧与社交恐惧症不同,社交恐惧症是恐惧症的一种,属于心理障碍,而交往恐惧则是常见的人际适应不良的一种表现形式,其严重程度并没有达到被诊断为社交恐惧症的标准。交往恐惧的大学生往往具有以下几种心理。

1. 害羞心理

在学校中,当老师在课堂上提问的时候,经常有些同学明明知道问题的答案或对问题有独到的见解,可是就是不敢举手回答问题,相当部分的大学生甚至还认为害羞是一个人的美德。

2. 自卑心理

自卑心理是影响个体人际交往的重要因素。自卑是一种自我评价过低而产生的消极情绪体验。在交往活动中,自卑心理的外在表现主要为:一方面总认为自己样样不如别人,从而失去进取心和竞争意识,导致情绪消沉、精神萎靡、自怨自艾、怨天尤人,行为上畏首畏尾、消极处世、得过且过;另一方面又过于自尊,过于敏感,不轻易与人交往。自卑心理的成因主要包括以下几方面(表3-3)。

第三章　形成良好人际关系

表 3-3　自卑心理的成因

自卑心理的成因	具体阐述
消极的生活经验	大学生在人际交往中，因为某种生理、心理或社会生活的原因，可能会受到他人的嘲笑。大学生在生活中也可能遭遇到一些挫折，如失恋、考试作弊受到处分等，如果大学生心理调节能力不强，这些嘲笑和挫折很可能带给大学生以自我否定，产生自卑心理。
过大的心理落差	有些大学生在小学、中学阶段，由于成绩很好，会成为出类拔萃的佼佼者，成为老师宠爱、同学羡慕的对象，处于中心地位。上了大学后，面对同样优秀的同学，自己则显得非常平凡，甚至在某些方面低人一等，这种强烈的落差感使大学生在评价自己时可能产生一定的偏差。
消极的自我暗示	有自卑心理的大学生，往往习惯于消极的自我暗示，他们经常会想"我是一个不讨人喜欢的人，还是不要与陌生人说话，免得又多一个人讨厌我。""从来就没有人愿意与我交朋友。"在人际交往中对自己的期望值很低，心态比较消极。
不当的自我评价	大学生在入校后，他们的生活内容日益丰富，自己也会在越来越多的方面与他人进行比较，由于缺乏正确的理念，大学生有时会拿自己的短处与他人的长处相比较，并将这种差距泛化，夸大自己的不足，觉得自己处处不如别人，从而产生自卑心理。

（五）情感因素导致交往障碍

　　交往中感情色彩浓重，是大学生人际交往的一大特点。由于年轻人感情丰富、变化快，对事过于敏感和简单，有时会因一时好恶改变对一个人的看法，这种重感情不重客观，重一时不重全面的特点常导致青年人的人际关系缺乏稳定性，易产生各种障碍。在大学生中常见的影响人际交往的情绪有以下几种。

1. 嫉妒

嫉妒是指在意识到自己对某人、某事、某物品的占有或占有意识受到现实的或潜在的危险时产生的情感。对于嫉妒,有的人能克制自己不采取攻击性语言,使之淡化,甚至能够利用它转化为积极的竞争行为。而有的人则很难把握这种感情,从而产生痛苦、忧伤,往往以讽刺、挖苦、挑拨的语言,甚至采取不合法的手段、不正当行为表现出来,造成对他人和集体的种种危害。大学生这个特殊群体,由于构成人员属于同一层次,具有相同的需要与目标,在学业成绩的高低、奖学金的获取等方面都存在着竞争,因而,在高低的竞争中容易滋生嫉妒之心。而嫉妒经过攀比、猜疑、恼怒、嫉恨等一系列心理活动后,会扩散、外化,演变成为攻击性、破坏性的行为。这必然造成纷扰与不安,使人际交往紧张,破坏良好的人际关系。

2. 愤怒

大学生缺乏独立生活的经验,在学习和生活中为一些琐事而产生矛盾的现象经常出现,但由于缺乏社会阅历,不知如何化解;再加上心理成熟较晚,情绪难以自控,故常以口角和斗殴的方式发泄,造成严重的交往障碍。

3. 自负

自负在交往中表现出居高临下,只强调自己的感受而忽视他人。与同伴相处时,高兴时海阔天空,手舞足蹈,不高兴时乱发脾气,很少考虑对方的感受。与熟人相处时,常过高地估计彼此的亲密程度,使对方出于心理防卫而疏远。这样最终会导致自我封闭,失去同学的关心与帮助。

4. 多疑

多疑是一种由主观推测而产生的不信任心理。多疑的人整日疑心重重,怀疑世间的真诚,认为一切都是假的。多疑常常是在假想推测的基础上循环思维的结果。当大学生在某些方面不如别人,自信意识薄弱时,就会怀疑别人瞧不起自己,怀疑别人居心叵测,言行于己不利,整日提心吊胆,处处设置防线。这种无端的猜疑最终会造成矛盾,导致人际关系紧张,影响同学团结。同时,又局限了交往面,失去交往的快乐。

第四节　大学生人际交往问题的调适策略

一、掌握科学的交往艺术

在复杂的人生交往当中,蕴藏着丰富的交往艺术,它的内容是多方面的,包括交往的时机、场合、方式、风度、角色、语言等。这里仅谈如下几个方面。

(一)树立良好形象

人们在初次交往时往往会通过对方的容貌、服饰、体态、谈吐、礼节等方面来对其进行评价,并据此留下第一印象。第一印象一旦形成,就不容易改变,并且会影响人们日后对交往对象的整体评价和看法,即使后来的印象与第一印象之间出现差距,人们仍会倾向于第一印象。因此,大学生应注重优化自身形象,包括精神状态、服饰搭配和言谈举止等,塑造良好的第一印象。

(二)要进入角色

角色意识不仅是交往的前提,也是取得成功的重要因素。不同的角色具有不同的特征。在家里,有父亲和母亲、丈夫和妻子及儿女等角色;在工作单位,有经理、厂长、工人、职员等角色。每个角色都具有特定的职能、规范和"演出场合",不能混为一谈。所以,在交往的过程中也要进入角色,要细心地把握角色的变换性,所谓"己所不欲,勿施于人",就思维方式而言,学会角色互换要求人们从我向思维转向他向思维,设身处地地从对方角度,把行为主体的自我当作客体的自我来审视和评价,这样就能较为公正地理解别人的想法,也能较为客观地看待自己行为的得失。

(三)要有洒脱的交往风度

交往风度就是人在交往活动中一切言行举止概括的总称,是个体心理素质和气质修养的外部体现,交往风度主要包括以下几方面(表3-4)。

表3-4 交往风度

交往风度	具体阐述
饱满的精神状态	如若精神振奋、情绪饱满,就能活跃交往气氛,丰富交往话题。反之会使对方兴趣索然。
诚恳的待人态度	不管对待什么交往对象,都应诚恳而直率、平等而亲切。要做老实人、办老实事,要端庄而非过于矜持,谦虚而不矫揉造作,坦诚相见,不卑不亢,保持落落大方的风度。
周到的仪表礼节	一个人仪表整洁、举止端庄、礼节周到,就能产生一种吸引的魅力。这种魅力不仅取决于外表,更在于人的内在品格的自然流露。
集中注意力	在交往过程中,集中注意力,不仅使对方有受到尊重的感觉,同时有助于交谈思路更加条理化,启迪和开阔视野。

(四)要讲究语言艺术

语言是人类进行思维和交际的工具。交往双方通过语言开启对方心灵的门扉,或传递社会生活信息,或提出批评与建议。一个人的语言表达能力对他的社会交往顺利与否有很大影响。只有不断提高驾驭语言的艺术,才容易获得成功。掌握语言艺术有如下基本要求。

1. 谈话要看场合

不同的场合要求人们交谈的内容和方式有所不同。如待客要热情,做客要注意礼仪。

2. 说话要因人而异

根据交往对象的性别、年龄、职业、生活阅历、社会地位等不同情况采用不同的语言和口吻。如与知心朋友可以开门见山，推心置腹；与生人交谈要讲究分寸；与异性交谈要文雅得体等。

3. 注意语言表达技巧

第一，叙事条理，层次清楚，富有逻辑性。
第二，表达生动，有声有色，具有形象性。
第三，情真意切，平易近人，具有感染性。
第四，穿插事例，比喻新颖，具有趣味性。
第五，吐字清晰，表达贴切，具有准确性。
第六，回味无穷，循循善诱，具有启发性。
第七，不说与主题无关的废话、玄话、大话、套话和假话。

4. 善于运用礼貌语言

如"您好""请""对不起"等语言，既能拉近双方距离，又能反映出一个人的思想修养水平。

5. 善于运用"体态语言"

讲究"体态语言"，一方面重在发挥手势的作用，手势可分为指示手势、象形手势和象征手势等；另一方面又应充分发挥面部表情的效应。

（五）要有适当的交往尺度

人生交往的适度包括向度、广度、深度和频度（表3-5）。

表3-5　人生交往的适度

人生交往的适度	具体阐述
向度	向度是关于交往方向性的量度，即同哪些人交往，以及交往的目的是什么。
广度	广度是关于交往范围的量度，包括交往人数的多少。

续表

人生交往的适度	具体阐述
深度	深度是关于交往情感状态的量度,即交往双方相互介入对方内心世界的深浅,交往中所涉及的事物的重要程度及人际关系的层次类型等。
频度	频度是关于交往次数的量度,即指交往双方在一定时间内平均交往次数的多少。

在交往的向度、广度、深度和频度上,要掌握适度的原则。适度的含义包括两方面。

第一,要处理好与不同交往对象之间的关系等,在深度和频度上既允许有不同,但又要避免使人产生厚此薄彼的感觉。

第二,要处理好交往活动与其他学习、工作、事业等的关系。

二者要兼顾、互相促进,而不能互相影响干扰。

(六)要善于倾听

倾听是维系人际关系的有效法宝,是一种礼貌和诚挚的表现,是尊重他人、理解他人的方式。用心倾听的同时也会赢得对方的喜欢和信任。倾听对方谈话要做到耐心、虚心和真诚。

第一,倾听时要用眼睛关注对方,并配合对方的情绪表达,适时地点头或微笑,还可以适当地使用"嗯""哦"等简单的语句作为回应,以表示认真的态度。

第二,不要随意插话或打断对方的谈话,不要马上问过多的问题,要把握好自己在倾听过程中的角色和位置。

(七)把握对象特点

把握交往对象的特点也是人际交往的技巧之一。与一些特殊人的交往,尤其要注意技巧。如与狂妄者交往,可以采取请教式,虚心提问,耐心倾听,满足对方的虚荣心;也可以采取震慑式,让对方暴露弱点,使其产生强烈的心理震动,这种震慑往往能促进交往;与孤僻者交往,要主动热情,耐心细致,运用暗示法,多启发,多诱导,并善于选择话题,找到他们的兴奋点;与急躁者交往,要冷静、宽容、忍让,很多时候可以付之一笑;与残疾人交往,要自然,淡化对方的残疾人意识,不可显得过分小心谨慎,这是因为残疾人往往自卑,要多鼓励赞美对方,让他看到自己的价值。另外,要注意言谈的避讳,不要当面叫别人"聋子""瞎子""跛子"等,必要时可以换一种说法。总之,交往中把握对象的特殊性,有的放矢,灵活应付,将会给你带来更多的朋友。

(八)增强人际吸引力

人与人之间的吸引力越大,相互之间越容易形成良好的人际关系。我们可以运用一些技巧来增强自己的吸引力。

第一,创造条件让双方在时空上更为接近,多找机会接触对方。

第二,了解对方的兴趣爱好、个性特征、文化水平、社会背景等各方面的信息,寻找彼此相似的因素。

第三,多谈论对方感兴趣的事情,对对方的观点和看法给予适当的支持。

第四,了解对方的需要和弱点。

第五,善于利用自身的优势满足对方的需要,弥补他的缺陷。

第六,在交往中尽可能地展示自己的知识和能力,让对方感到你是一个知识丰富、聪明能干的人。

第七,注意仪表,学会微笑,表情丰富,掌握日常交往的礼仪,举止得体。

另外,"站要挺拔,坐要周正,行要从容"。在交往中表现良好的个性品质,热情待人,真诚关心别人,豁达大度,情绪稳定而愉快,自信开朗等。

二、处理好几种主要人际关系

大学生应处理好以下几种人际关系(图3-6)。

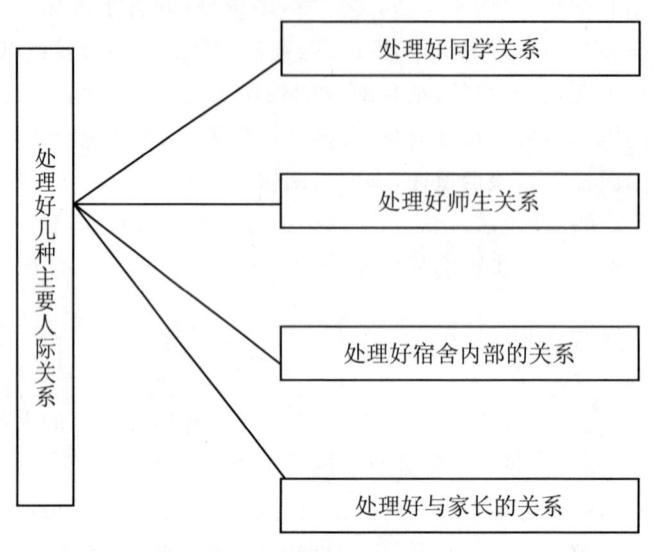

图 3-6　大学生应处理好的几种主要人际关系

(一)处理好同学关系

在大学生活里,每个人都有自己喜欢和不喜欢与之交往的人,这主要与大学生个人魅力的培养和自身综合素质高低有密切的联系。这种现象实际上就是人际吸引。大学生要想处理好自己与班级和与同学间的关系,需要做到以下几方面。

(1)要正确处理个人与群体的关系,当好群体的成员。大学生活离不开群体,每个人都是班级的成员。因此,参加集体活动,处理好个人与群体的关系,当一名好的群体成员是大学生应该扮演的重要的校园角色。所以,大学生应多参加班级活动,如班级会议、集体聚会等活动,在群体中享受大学生活的乐趣。

(2)处理好同学之间的关系,应充分利用大学现有的一些积极的交往条件或方式,如尽量参加校园的各种课余协会或社团,参加各种学术沙龙、讲座、联谊活动等。另外,还应注意多进行一些个别的经常性交往,多关心同学的学习和生活,善于向同学敞开心扉。还要注意不只限与本班、本年级同学之间的"平面型"交往,而是广交学友,发展跨年级、跨系的交往,多交一些思想情趣相投、学业上相互帮助的挚友。

第三章 形成良好人际关系

(3)在掌握交往原则的基础上,注意做到如下几个方面。

第一,培养良好的个性特征。注意克服性格上的弱点。应提高个人的外在和内在素质水平,切勿形成自私、虚伪、狡猾、性情粗暴、心胸狭窄等不良的性格特点。

第二,交往时要体现诚信原则。避免因为社会的一些不良因素影响或者同学之间的一些矛盾冲突而盲目地把人与人之间的关系视为尔虞我诈、互相利用的关系。

第三,发生矛盾时要体现宽容原则。人与人相处难免会出现摩擦,对于这种情况,大学生一定要了解,凡事要以大局为重,要体现宽容的原则。

(二)处理好师生关系

大学师生间人际关系的和谐协调发展,是具有极其重要的意义的。但调查发现:在大学实际生活中,有的学生承认,自己之所以某门功课学得差只是因为不喜欢教这门课的教师;有的学生之所以性格偏激固执、抑郁自卑是因为与班主任发生了矛盾。同时,我们也看到一些老师经常反映,部分大学生看到老师到学生宿舍礼貌欠佳,不懂得给老师让座。师生交往是一种纵向的交往,因而在交往过程中双方的地位不同,教育性质不同。大学教师与大学生的相互接触不如中小学频繁,除了上课以外,其他时间师生交往不多,而且带有自发性、偶然性且多局限于知识学习方面。在师生关系的相互作用的过程中,老师应该是学生的良师益友,关心、尊重、爱护学生;但大学生更应有积极的态度,这样才能建立起和谐良好的师生关系。

第一,大学生在校学习期间必须尊师重教。大学生对老师有礼貌必然缩短师生之间的心理距离,产生积极的效应,为建立良好的师生关系奠定基础。

第二,大学生应抱有积极的态度主动与老师进行交往。有的大学生为了达到自己不正当的目的与老师进行交往,如试图借助于老师的影响,通过不正当的途径当学生干部、入党、评为各种先进等,这只能导致师生关系的扭曲,不能形成良好的人际关系。

第三,大学生应当学会换位思考。大学教师队伍中,有的人难免有这样那样的不足,如不适应高校的教育模式或者为人较为直率,说话无意中伤害了学生的自尊心等,大学生们应当通过合理的途径婉言指出他们的缺点,切不可当面顶撞,更不该背后议论或辱骂。

(三)处理好宿舍内部的关系

宿舍是大学生进行学习、生活、休息的一个重要场所,也是大学生建立良好人际关系的重要地方。人际关系和谐、团队精神强、具有良好的宿舍生活氛围对大学生的成长有着非常重要的作用。一般来说,处理好宿舍内部关系,可以从以下几方面做起。

第一,大学生宿舍成员之间要树立正当的竞争观念,培养积极美好的风尚。我们经常看到有很多大学生把竞争建立在个人主义的基础上,常常为了一些小事情就破坏甚至葬送同学之间的友谊。大学生要采取正确的竞争态度和方式。另外,大学生要在竞争中发展友谊,在发展友谊中促进竞争,竞争与友谊在本质上是没有冲突的,因而我们在竞争时也应坚持集体主义原则,积极发展友谊。

第二,应在生活中学会互相关心、互相理解、互相帮助,营造良好的宿舍生活环境。大学生在宿舍交往中除了要掌握前面说过的原则与技巧外,还要学会肯定对方,真诚热情,即要用真心与别人交往。

(四)处理好与家长的关系

部分大学生由于自我意识、自尊心、成人感都相当强烈,此时尊重的需要是主导需要。但是,在现实生活中遇到问题时,父母总是高高在上地指责他们,而他们又很少主动与家长沟通,往往认为自己与家长之间存在着不同程度的"代沟"。

作为大学生,必须学会与家长沟通,应在合适的时间、地点很正式地、坦白地告诉父母自己的感受和看法,从而改变他们的行为或者进行探讨去寻找解决问题的途径。

当然,作为家长,应信任青年人,并善于发现青年中的新生事物,改变教育方法,建立"引导式"或"讨论式"的教育模式,利用经验帮助自己的孩子寻找最佳的解决问题的方法和策略。从大学生方面来说,更是应该在比较中虚心地向家人学习有价值、有意义的东西,理解、尊重家人,学会换位思考,学会宽容和负责任,不能苛求别人给自己平等、尊重,只有当自己与父母或家人一起承担生活义务时,才能获得他们的尊重。

三、培养成功交往的心理品质

（一）自信

自信能使个体的身心得到放松，在交往中显现出饱满的精神状态。自信的人会在人际交往中表现得不卑不亢、从容淡定、落落大方，同时还能克服羞怯等不良心理，主动敞开胸怀，积极与人交往。自信的人通常会给自己积极的心理暗示，认可自己的交往能力，因而能增强自身的吸引力，赢得他人的喜欢。

（二）真诚

著名作家三毛曾说过："人际关系最重要的，莫过于真诚，而且要出自内心的真诚。"的确，真诚是一种心灵的交流，是一种无私的付出，也是一种高贵的品质。

（三）信任

所谓信任，就是要相信他人的真诚，从积极的方面去看待他人的言行和动机，避免猜疑和妄加评判，尽量降低自己的心理防线。首先对他人抱以信任的态度，才能使他人产生安全感和信赖感，并同样回应以真诚和信任，在此基础上可使彼此之间的人际关系更加亲近。

（四）幽默

幽默在人际交往中的作用是不可低估的，它是人际交往的润滑剂。幽默的语言能使交往气氛轻松和融洽，能使人们的心情放松和愉快，能够缓解紧张和尴尬，能够促进人际关系的和谐。幽默是一种健康的品质，培养幽默的品质，要做到以下几方面。

第一，要积累广博的知识，才能进行丰富的想象和联想，产生幽默的语言。

第二，要有广阔的胸怀，对生活充满热情和信心，才能保持乐观和开朗的性格。

第三,要具备高尚的品格和坚强的意志,才能以幽默的方式宽容他人的错误,以积极的心态面对自身的困境。

(五)克制

克制即是对于情绪和冲动等的有效抑制。培养克制能力,就要处处以大局为重,在自己的利益受到损害的时候保持着冷静和宽容忍让的态度,努力控制自己的情绪,避免发生不必要的后果。当然,我们所讲的克制并不是无条件的,而是以维护正义和大众利益为前提的。如果过分忍受他人的无端攻击和不正当指责而不采取合理的方式解决问题就是懦弱的表现,同样会影响人际交往。

(六)热情

充满热情的人能够给人温暖和关怀,使交往对象感到愉悦。大学生要培养热情的品质,就要从心底里接受他人,真心地喜欢他人,真诚地关心他人和理解他人,养成为他人着想的习惯,并适时地给予他人帮助。充满热情的人,同样会得到他人的关怀和友爱。大学生在人际交往中应热情地关心和帮助他人,对朋友的成绩和优点给予积极的鼓励,对他人的不足和缺点给予诚恳的建议,要以真诚为纽带,拉近彼此的距离。

四、消除先入为主的认知偏差

由于对角色认知的错误,产生错误的角色期待,所以,与对方的交往从一开始就带上了先入为主的偏见,这种偏见还可能因我们的行为唤起对方的同类反应而得到自我证实。人皆有自尊,你期待别人如何待你,你先得如何待人;你要发现别人的长处,就得先抛弃偏见。大学生在进行人际交往时,既要给人留下良好的第一印象,同时又要消除认知别人只凭第一印象的偏差。消除认知偏差的方法有以下几种。

第一,对别人要有全面的了解,不能以偏概全,以貌取人,因为个体的个性品质与外貌特征并无本质联系。

第二,不能以固有习惯模式对他人进行分类,否则就会形成对他人的固定化的看法。

第三,不能以自身当时的情绪状态影响对交往另一方的评价。因为不良的情绪使主体对人苛求,从而带来对方的不良态度反应。

五、向自卑和羞怯挑战

自卑和羞怯来源于心理上的一种消极的自我暗示。因此,大学生要想消除自卑和羞怯,应做到以下几方面。

第一,应用积极的态度来对待自己的不足,驱赶消极的自我暗示所带来的消极情绪。以积极的自我暗示代替消极的自我暗示,即使自己处于不利条件下,也要鼓励自己,不要让失败的情绪过多地束缚自己的心理,影响交往。

第二,树立成功交往的信心。充满自信的交往,才能在精神上得到放松,成功的交往又增加了自信,从而进入良性循环。

第三,不要拘泥于过去。人的心灵就像一个丰富的资源仓库,储存着过去的一切,有成功的经验,也有失败的教训。而对于那些痛苦不堪的失败的记忆,如果不设法消除,就会影响今天的人际交往。

六、消除嫉妒感

嫉妒感是一种打击别人,抬高自己的唯我独尊心理。嫉妒心理是人际交往中的不良心理品质,且在人际交往中无空不钻,破坏人际关系。大学生可以通过以下几种方法来消除嫉妒感。

第一,树立远大理想,培养共产主义世界观。嫉妒心理不是孤立的一种心理活动,而是受理想、信念、世界观制约的。因此,要想彻底抛弃嫉妒心理,就必须树立远大理想和培养共产主义世界观。

第二,通过自我调节逐渐克服嫉妒心理。嫉妒心理是后天环境下形成的,也可以说是从小到大逐步学习来的,所以我们通过学习自我控制、自我调节来逐渐矫正自己的行为,克服嫉妒心理。

第三,从"我"或"私"字里解放出来。嫉妒心理产生的要害是以"我"或"私"字为中心,只想自己的荣誉、地位、利益。因此,如果不从"我"或"私"字里解放出来,嫉妒心理就难以彻底消除。

此外,还要加强意志力的培养,在自身行为矫正的过程中要有意志力。还可以通过转移注意力摆脱产生嫉妒心理的情境等。

七、正确地对待生活

一个人对生活的态度及其对人生的看法,会很大程度地影响人际交往的态度和方式。在社会生活中,每个人都因为特定的生活经历而形成一定的心境,处于特定心境的人,往往会戴上一副有色眼镜去看待世界,看待周围的人,这就势必影响着他与别人交往的态度和方式。对于大学生来讲,要正确地对待人生,需要做到以下几方面。

第一,要以平等的态度与人交往,学习和正确地评价别人的优点和缺点。善于发现别人身上的闪光点,这样能找到更多的朋友、知音,并在正确评价别人的同时认识自己。

第二,要有对美好生活的渴望。一个憧憬美好生活的人,就会正视自己,用正确的态度对待人生中的一切,这样就会带着爱、带着友谊、带着清纯的心与人交往,而得到的也是纯真的友谊和真诚的心。在美好的生活中加强了对生活的热爱,人际关系会更加协调。

八、培养社交风度

良好的社交风度是成功交往的基本条件。要培养良好的社交风度,在人际交往过程中,必须做到以下几点。

第一,要有诚恳的待人态度。不管与什么对象交往都要显得诚恳、坦率。

第二,要有饱满的精神状态。人的精神状态在某种程度上反映人的内心思想。与人交往,神采奕奕,精力充沛,显得富有自信,就能激发对方的交往动机,活跃交往气氛,较好地与人交往。

第三,要有洒脱的仪表礼节。一个风仪秀整、俊仪潇洒的人,能给人产生乐于交往的魅力;得体的礼仪能增加人的交往风度。

第四,要有适当的行为神态。轻松而带有微笑是一种友好的表现;朴素大方、温文尔雅能正确表达你的良好愿望;分寸得当的交往距离能使彼此心理上感到舒适坦然。

第五,要有高雅的言辞。人的谈吐能直接反映出一个人的学识,谈吐之美,在于言词恰当,言之有物,有一种自然的吸引力,吸引对方与之交往,从而使交往获得成功。

九、学校方面应重视培养大学生的人际交往能力

学校人际交往教育不仅要重视人际交往知识的传授,更要重视人际交往能力训练,概括来说,学校可以通过以下几种方式来培养大学生的人际交往能力。

(一)个体辅导

个体辅导是心理健康咨询的重要方法,人际交往个别辅导关键是通过交谈,发现被辅导者的优点长处,挖掘他们身上存在的积极因素,引导他们正确认识自我,正确认识周围的交往环境,建立积极的交往态度,从而树立其人际交往的信心,并能主动与人交往,改善自身的不足,进一步提高人际交往能力。

(二)案例教学

案例教学法是在教师的指导下,根据教学目的的需要,采用案例来组织学生进行学习、研究、锻炼能力的方法。案例教学一般要重视以下几个环节(图3-7)。

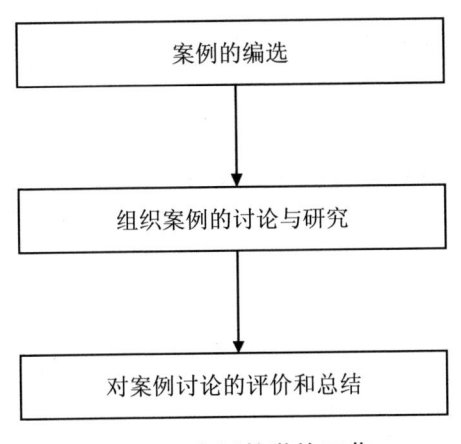

图 3-7　案例教学的环节

1. 案例的编选

在授课之前,教师要编选相当数量的案例,也可以组织学生编写他们生活中遇到的交往问题案例,以便于在教学中组织学生研究和讨论。

2. 组织案例的讨论与研究

上课之前教师先把案例发给学生,让学生独立做好准备,然后以先小组讨论,再全班共同分析的形式进行。教师负有引导、组织的责任,务必使学生自己形成对案例的看法与评价。

3. 对案例讨论的评价和总结

教师要指出讨论的优点和缺点,并进行补充与提高性的总结。

(三)团体活动训练

人际交往教育的目的就是指导实践,通过团体活动对学生进行人际交往训练,是学校人际交往教育的一种非常有效的方式。团体活动训练的优点在于团体成员的互动,实践性强、形式多样、生动有趣、适用面广。在学校内由于团体自然存在,所以在学校人际交往教育中特别适合运用团体活动训练这种方式。当前,许多有条件的大学已经开始尝试有主题、有目的的小组活动式的人际交往团体训练,在小组互动中学会自我认知、学会悦纳他人,建立良好的人际关系。随着对人际交往教育需要的逐步增强,这种方式也必将成为大学生人际交往训练的主要方式。

第四章　做好情绪管理

大学生正处在风华正茂的青年期,是情感丰富多彩且趋于成熟定型的关键时刻。由于自身的特点,大学生经常会出现一定的情绪问题,对于一些适度的情绪问题,如考试前的紧张等都是正常的,而对于一些严重的情绪问题,如果大学生不能够积极调适,就会对其身心发展造成严重影响,所以,大学生有必要对情绪的相关知识有所了解,以便于自己在出现情绪问题的时候,能够用正确的方法来管理。

第一节　情绪概述

一、情绪的概念

情绪是我们与生俱来的心理反应,是一种复杂的心理过程。情绪在我们的生活中扮演着重要的角色,不同的情绪让我们的生活更加丰富多彩,如果没有情绪,生活将变得灰暗无色,无论是喜怒哀乐,还是更复杂的情绪,其实都扮演着重要的功能。由于它产生的原因很复杂,所以世界上研究情绪的专家们,至今未对情绪有一致的定义。概括来说,情绪的含义主要包括以下两部分。

(一)客观现实是人类情绪产生的源泉

心理学认为,客观现实是人的情绪的源泉。这是由人的本质属性以及与客观现实的相互关系所决定的。人只有在丰富多彩的客观世界中,在客观事物的刺激和影响下,才能产生主观评价和态度,也才能表现出多姿多态的情绪体验。

(二)需要是客观现实和主观体验的中介

现实世界中的事物是千姿百态的,但人并不是对所有事物都会产生情绪体验。使人情绪发生变化的关键,是某事物的发生与人需要的程度有关。例如,在一般情况下,说话声并不能引起我们的情绪体验,但当我们需要冷静地集中思考某问题时,说话声可能就会引起不快的情绪体验;当你急切地盼望下课时,铃声就会使你感到欣喜。这说明客体能否引起人的情绪是以人的需要为中介的。

二、情绪的分类

人的情绪是复杂多样的。研究者从不同的角度采用不同的分类方法把情绪分为不同的类别。早在2000多年前,我国古籍中就有了关于情绪的论述。《礼记·礼运》中说:"何谓人情?喜、怒、哀、惧、爱、恶、欲七种。"在我国最早的一部医学专著《黄帝内经》中,则将情绪分为"喜、怒、忧、思、悲、恐、惊"[1]。

西方心理学家对情绪的分类也进行了比较深入的研究。例如,汤姆金斯列出兴奋、快乐、惊奇、痛苦、恐惧、愤怒、羞怯、轻蔑八种基本情绪。伊扎德在汤姆金斯的八种基本情绪的基础上增加了厌恶和内疚两种情绪。

在吸收、借鉴中国古代和西方关于情绪分类的研究成果基础上,目前我国心理学界一般认为,情绪按其发展通常可分为原始情绪、基本情绪和复合情绪。其中,愉快、恐惧、愤怒、悲哀是最基本的原始情绪。近年来对情绪发展的研究以面部表情区分出兴奋、愉快、痛苦、惊奇、愤怒、厌恶、惧怕、悲哀、害羞和自罪感十种基本情绪。成人除这些外还有许多复合情绪,如骄傲感、谦逊感、爱与恨、羡慕与嫉妒等。

---

[1] 刘建锋,石静. 大学生心理健康教育[M]. 上海:上海交通大学出版社,2020.

三、情绪的层面

概括来说,情绪大致包括以下四个层面[①](表 4-1)。

表 4-1 情绪的层面

情绪的层面	具体阐述
生理反应	当我们有某种情绪时,自然会有心跳加快、呼吸急促、血管收缩或扩张、肌肉紧绷等一些生理反应。然而,不同情绪产生的生理反应可能是类似的,例如紧张、生气时会心跳加快,兴奋时也同样会心跳加快,所以单靠生理反应还是无法判断到底引发了何种情绪。
心理反应	心理反应即个体的主观心理感受,如愉快、平静、不安、紧张、厌恶、憎恨、忌妒等感受。
认知反应	认知反应即个体对于引发情绪的事件或刺激情境所做的解释和判断。例如看到别人不时直视你的眼神,你可能觉得别人对你有意思,所以心生愉悦;你也可能觉得别人不怀好意,所以变得紧张不安。
行为反应	个体因情绪而表现出来的外显行为,包括语言的与非语言的,例如皱眉、眉开眼笑、声调高低变化、哭泣、哈哈大笑、坐立不安,或兴奋地蹦蹦跳跳等。

四、情绪的功能

概括来说,情绪的功能主要包括以下几方面(图 4-1)。

---

① 袁敏.大学生职业生涯规划 职业素养与能力篇[M].北京:北京理工大学出版社,2020.

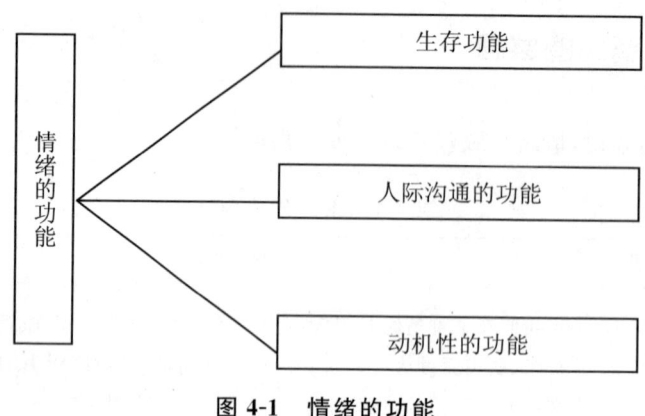

图 4-1　情绪的功能

（一）生存功能

由于生理反应与情绪密切相关,所以当遇到危险状况时,我们马上会有紧张害怕的感觉,同时心跳加快、呼吸急促,分泌肾上腺素,产生"奋力对抗"或"落荒而逃"的反应,以便保护自己,避开危险。所以说,情绪具有生存的功能。

（二）人际沟通的功能

人与人之间最重要的是情感的交流,情绪的表达可以增进人际的沟通。当有情绪时,我们才知道自己内心真正的感受,也才有机会向他人表达,以维护自己的权益,或者增进彼此的情谊。

（三）动机性的功能

情绪能够源源不断地产生能量,用以推动人的各种活动,使我们过一个积极进取和有贡献的人生。比如,自信、勇敢等令人心情舒畅的感受,被称为动力性情绪,会引导并维持我们的行为达到特定的目标。然而在我们的生命中,不可避免地会出现各种不好的情绪,这些情绪在一定程度上会耗损人们的能量,但即使是这些不好的情绪也是有积极的一面的,因为人们在出现消极的情绪而感到痛苦时,自身也会得到成长。

五、情绪的表现

情绪的表现主要包括以下几方面[①](图 4-2)。

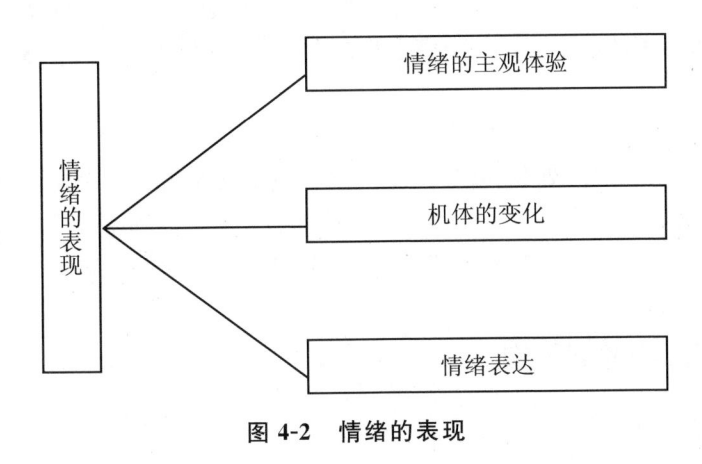

图 4-2 情绪的表现

(一)情绪的主观体验

情绪的主观体验指人主观上感觉到的情绪状态。情绪有十分独特的主观体验色彩,如受伤害时感到痛苦,需要得到满足时感到愉快,面临危险时感到恐惧,遇到被侮辱时感到愤怒等。

(二)机体的变化

由于情绪刺激的作用,可以引起呼吸系统、循环系统、消化系统等一系列的变化,也可以引起代谢和肌肉组织的改变,因此,在人发生情绪时,内脏器官和内分泌腺体等都有一系列的生理变化。

(三)情绪表达

1. 面部表情

面部表情是情绪表现的主要形式,是指眼、眉、嘴等的变化。在面部

---

① 张海婷. 高职大学生心理健康教育[M]. 北京:北京理工大学出版社,2020.

表情中,以眼最为传神,眉开眼笑、暗送秋波都是通过眼睛来表现的。

2. 体态表情

人体的各种不同姿态组合都会有不同的内容。一个人歪着头听你讲话,可能是欣赏的态度;左顾右盼是不诚心的态度,摇头晃脑是心不在焉或不耐烦的态度。每一个姿态都有内在的含义,都在表达情感。

3. 言语表情

情绪在语音、节奏、速度、声调等方面的表现称为言语表情。研究表明,言语表情所传达的情绪信息比言语本身更多。例如愤怒时声音高、尖且有颤抖;喜悦时声调、速度较快,语言高低差别较大。

六、情绪的价值

情绪的价值如图4-3所示。

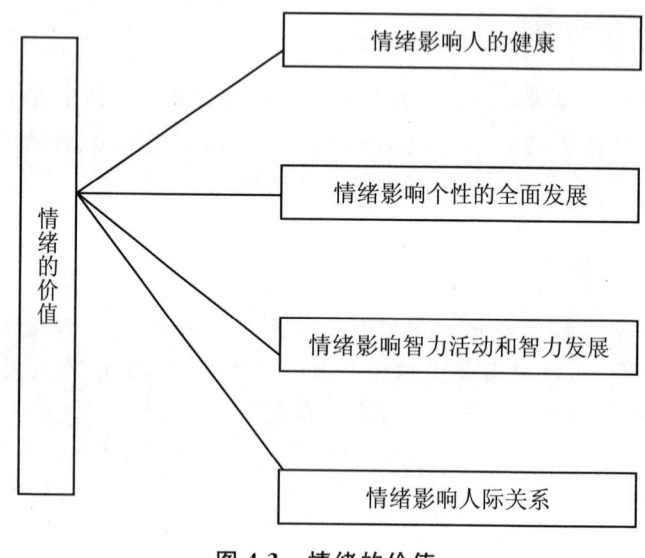

图4-3 情绪的价值

情绪的价值:
- 情绪影响人的健康
- 情绪影响个性的全面发展
- 情绪影响智力活动和智力发展
- 情绪影响人际关系

(一)情绪影响人的健康

良好的情绪可使人体内环境保持平衡,一方面内分泌适度,另一方面神经系统活动协调,各内脏器官功能正常,给人带来健康的体魄,有利于预防和治疗疾病。

(二)情绪影响个性的全面发展

情绪的倾向、强度对一个人个性的影响是明显存在的。一个在工作学习中刻苦钻研、奋发努力并取得优异成绩的人,倾向于求知欲、责任感、义务感强烈。相反,沮丧、孤独、怨天尤人、心灰意懒,则会导致碌碌无为,一事无成。

(三)情绪影响智力活动和智力发展

人的情绪是在认识过程中产生的,但又反过来影响认识。我们经常会感到,在心情良好的状态下,人才能进行有效的观察、记忆、想象和思维。而心境低沉或郁闷时,则思路闭塞、操作迟缓、反应迟钝。所以说,情绪对智力活动和智力发展具有重要的影响。

(四)情绪影响人际关系

人与人之间的心理关系,受许多因素的影响,而人对人的态度如何,则是影响人际亲疏关系的重要因素。相同的情绪反应能帮助人们互相了解,传递信息,使人们互相感染,互相接近,心理距离越缩越短。但是,如果不尊重别人的人格,对他人缺乏真情实感,那只会把人际关系越搞越僵。

七、情绪出现的原因

情绪出现的原因如图 4-4 所示。

(一)人的需要是情绪产生的内部原因

由于人的需要具有多层次性,人的情绪也就具有多样性,人的需要与同一事物的不同方面发生关系时常常也会引起不同的情绪。当客观事物符合并满足人的需要时,就会使人产生积极的情绪体验;当客观事物不符合人的需要时,就会使人产生消极的情绪体验。总之,人的需要复杂多样,既有合理的需要,也有不合理的需要。即使是合理的需要,由于受到各种条件的限制,有时候也不可能得到满足,这就造成了人们情绪的广泛性、复杂性和多样性。

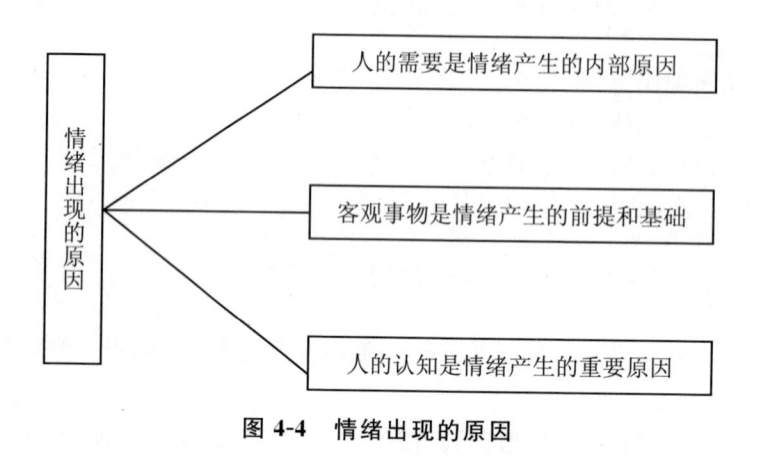

```
                ┌──  人的需要是情绪产生的内部原因
情绪出现的原因  ├──  客观事物是情绪产生的前提和基础
                └──  人的认知是情绪产生的重要原因
```

图 4-4 情绪出现的原因

(二)客观事物是情绪产生的前提和基础

由于客观事物的不同特点及事物与人之间存在的关系不同,人们对这些事物抱有不同的态度,有不同的体验。这些带有特殊色彩的体验就是情绪。客观事物的不同特点会引起人们不同的情绪反应,如美景使人愉快,黑暗使人恐惧。总之,离开了具体的客观事物,人的情绪就无从产生。

(三)人的认知是情绪产生的重要原因

情绪并不是由客观事物直接、机械地决定的,只有那些被认知的事物才能引起情绪的产生。"触景生情"的"触"说的就是认知,外界有再好的美景,如果你不去"触",不去认知,也就不会有情。所以,认知过程是产生情绪的前提,而且随着认知的变化发展,情绪也随之发生变化。同时,情绪也会反过来影响认知的内容,使认知更加丰富,并推动认知活动向前发展。因而,同样的事物对不同的人或在不同的时间、情景等条件下出现,就可能被做出不同的评价和料想,从而产生不同的情绪。

第二节　大学生情绪的特点与影响因素

一、大学生情绪的特点

大学生的情绪具有鲜明的特点,概括来说主要包括以下几方面(图4-5)。

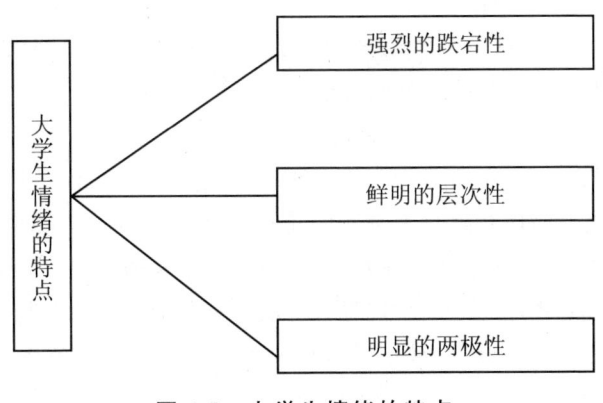

图4-5　大学生情绪的特点

(一)大学生情绪具有强烈的跌宕性

大学生热情奔放,容易激动,有着丰富、复杂、强烈的情绪世界。他们时而热情奔放、激昂慷慨,时而忧郁悲观、怨天尤人,高兴时手舞足蹈,消沉时无精打采,苦闷时受鼓舞能精神振奋,兴奋时遭挫折则灰心丧气,喜怒哀乐溢于言表。个别心胸不够宽广的人,甚至会走上轻生之路。

相当一部分刚跨进大学校门的同学,争强好胜,自尊心极强,事事不甘落后于人,有一股蓬勃向上的朝气和热情,对一切充满了憧憬和幻想。然而,经过一段时间观察会发现,大学校园群英荟萃,高中时代自己"鹤立鸡群",现在反而成了"马尾牛后"。他们中的一部分人会顿时由自尊、热情转变为自卑、消沉,感到懊恼泄气,甚至因此陷入极度苦闷而不能自拔,出现情绪的大起大落。此外,女大学生一般比男同学更富于浪漫的想象力,她们经常在梦幻中编织着美妙的生活图景。

(二)大学生情绪具有鲜明的层次性

大学生情绪的发展是一个由不成熟到成熟、由简单到丰富的渐进过程,具有鲜明的层次性特点。

大多数大学新生对自己能够跨进大学校门感到自豪和满足,难免有些飘飘然,个别人优越感达到顶峰,但对于生活环境等改变则茫然不知所措,自豪和满足中往往伴随着时隐时现的自卑和焦虑。因此,他们特别希望得到别人的关心和鼓励。他们对一切充满了美妙的幻想和憧憬,随心逐愿地将生活理想化。但由于他们摆不正个人与社会、与集体的关系和位置,往往会使其行动表现得盲目自信和过于自负,对自己的自我认识和作用都缺乏系统分析的态度。

到了大学二年级,随着对新环境的逐渐适应,生活经验的积累,情绪开始趋于稳定。一方面不会像新生那样容易激动和漫无目的;另一方面也不像毕业生那样充满对未来不确定性的担忧。他们能够根据自身具备的条件,学会妥善处理各种人际关系,探索未来的发展方向。

大学三年级,情绪一般比较稳定,他们对周围的一切有所了解,能够根据已有的知识经验等,对外界的各种影响进行有选择的吸收,从而确定自己的理想。

在大学四年级时,大学生经过几年的学习,大体掌握了教学大纲所要求的各种知识,世界观基本形成,有了一定的分析和解决问题的能力。他们的情绪趋于稳定,能够比较理智地对待和处理各种问题。但由于面临毕业和择业,精神上又处于一种紧张状态。概括起来,四年级大学生程度不同地存在着以下三种心理状态。

第一,紧迫感。觉得自己已经上大四了,马上就要踏上社会,他们希望可以在这一段时间内积累知识,为以后的生活做好准备,所以总觉得时间不够用。

第二,责任感。对社会政治、经济生活中的重大事件更为关心,能够抓紧在校的有限时间,争取在政治和业务上再有所提高。

第三,忧虑感。担心学非所用,将来胜任不了所承担的工作任务;考虑未来工作单位是否理想,能否发挥自己的才能;担心自己选择的工作单位不满意而领导又不允许流动等。

由此可以看出,从低年级到高年级,大学生情绪的波动性逐渐减弱,稳定性日趋增强。

(三)大学生情绪具有明显的两极性

大学生情绪两极性的具体表现如下。

1. 波动与稳定共存

大学生情绪的波动性表现为往往从一个极端走向另一个极端,今天对某人钦佩得五体投地,明天又觉得不屑一顾。与波动性相对的便是稳定性,大学生在形成一个看法后往往不易改变,能够坚持自己的观点。

2. 丰富性和狭隘性共存

进入大学以后,学习、生活环境的变化,给大学生提供了产生新的需要与愿望的广阔天地。随着学习领域的扩展和教育方式方法的不断更新,学生的社会化进程逐渐加快。他们需要广泛地吸收新知识来满足强烈的求知欲望;需要在广泛的人际交往中获得他人的理解与尊重;需要生活在充满友爱、融洽的集体中以获得友情、爱情;需要良好的学习与社会环境来促进其潜力的开发与发展。这一切使得大学生的情绪显得更加多姿多彩。但也不能否认,有相当多的大学生情绪体验尚存在一些狭隘性,如有些大学生对理想对事业的追求仅仅是物质利益、社会地位,对学习的热情仅仅是为了荣誉和奖学金,把友谊理解为"江湖义气",是为了索取别人的理解等。

3. 微妙的隐蔽性

大学生的情绪不再像儿童那样天真直露,心口如一,也不同于一般少年一引而发,其表现具有内隐的、曲折的性质。他们往往不肯轻意吐露心曲、暴露秘密。在特别情况下,他们情绪的外显形式与内在体验并不一致,心口不一,让人不易把握其真实的思想脉络。为某件事情引起了强烈的愤怒之情,当觉得不便于直接表露时,便会努力压抑自己的情绪,告诫自己不宜轻举妄动,表现出漫不经心、若无其事或无动于衷的态度。这是情绪自我调控能力增强的表现,因为社会生活有时候要求人们有自我调节和克制情绪的能力。当然,大学生情绪表现的这种状态并不是一贯的,与成年人相比,大学生毕竟涉世未深,内心深处也存在希望被理解的强烈愿望,还比较坦露、率直,当意志不完全能控制情绪时,也会锋芒毕露,咄咄逼人。此外,在条件适当的时候,大学生的真情也会倾诉和表现出来。

二、大学生情绪的影响因素

影响大学生情绪的因素是多种多样的,概括来说主要包括以下几种(图4-6)。

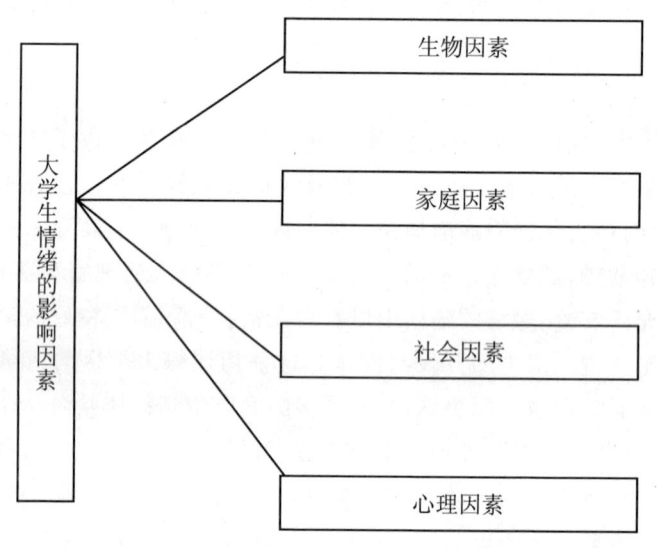

图 4-6　大学生情绪的影响因素

(一)生物因素

人的心理活动是在人脑中进行的。而人脑是由成百上千亿个神经细胞组成的,不论哪种有害因素作用于人脑,使大量神经细胞的结构受到破坏,都会出现心理发育受阻或心理活动异常。因此,当出现中枢神经感染、中毒、缺氧、肿瘤、变性、血管性疾病、营养代谢障碍等状况时,都会引起情绪的剧烈变化。

(二)家庭因素

虽然大学生上大学以后,已远离了家庭,但十几年来家庭的影响却是根深蒂固的。家庭的任何一点微小的变化、家庭成员的任何态度都会引起大学生情绪的波动。同时,良好的家庭关系,也是抵抗情绪困扰的最好武器。校园是大学生学习和生活的场所,他们的喜、怒、哀、乐都和校园密切联系在一起。学校一方面为大学生提供了增长知识、开阔眼界、培养才能的条件,同时,学校的规章制度、某些教育方式和方法失当,与大学生的自身需要造成矛盾,会给大学生带来极大的压力,造成情绪困扰。

(三)社会因素

社会是大学生最终的去处,大学生在学校学习的目的,就是将来能服务于社会,并以此获得必需的生活条件。因此,社会的要求也成为支配和制约大学生需要的条件。在这种情况下,大学生的情绪变化,往往与对社会的看法及价值观密切相关。如,社会上有人宣传"读书无用论""挣钱是最有出息的",出现"脑体倒挂"现象时,就会损伤一些同学的学习积极性,并伴随着一些困惑,造成无形的精神压力。

(四)心理因素

生物因素对情绪的影响是明显的,但不具有决定性的作用。因为任何一种的生理不良反应,都经过心理活动的转化而通过某种情绪状态表现出来。但与此相反,心理因素对情绪的作用却是决定性的。心理学认为,片面、错误的认知方式和非理性观念,往往是个体产生自卑、焦虑、抑郁、恐惧、冷漠等不良情绪的根本原因。由于认知错误而造成的不合理信息,也是造成不良情绪的重要心理因素。不合理信念,具有以下三个主要特征。

1. 过分概括化

这是一种以偏概全的不合理的思维方式。这种概括化,既可能发生在自己身上,也可能发生在对他人的评价上。如有的大学生一次考试失败、一次出现人际关系紧张、一次组织活动不理想,就认为自己无能,结果导致自责、自卑、焦虑或抑郁等不良情绪的产生。还表现在对他人的评价上,因他人的一次或几次错误或失误,就一味地责备、贬低,并由此导致敌意或愤怒情绪的产生。

2. 绝对化的要求

绝对化的要求指人们以自己的意愿为出发点,对某一事物怀有必定发生或不会这样发生的信念,对事物做出绝对化的判断。如有的大学生认为一名优秀的大学生就应该在各方面都非常优秀,否则是无法容忍的;对于那些卑鄙、丑恶的人,我们应该给予严厉的指责和惩罚。这样的人往往按照自己的意愿去评价周围的事物,而忽视客观事物的规律性。因此,极易陷入情绪的困扰。

3. 糟糕至极

这是一种认为某一事情一旦发生就会非常可怕、非常糟糕的信念。如有的大学生认为"考试不及格简直无脸见人""无法忍受失恋的痛苦"等。这些想法会导致个体陷入极端不良的情绪体验之中。实际上,任何事情都有可能发生比想象还坏的情景,但也没有必要把任何一件事看作是百分之百的糟糕。在人生旅途之中,确实会碰到许多不如人意的事情发生,我们要面对现实,努力改变引起情绪困扰的情境,学会在逆境中生活。

第三节 大学生常见的情绪问题

大学生的生活是紧张而又丰富多彩的。因此,随着年龄的增长和活动范围的扩展,大学生内在需要的结构不断改组、重建,必然导致内心体验的振荡变化。这种变化在反映出大学生强烈的进取精神和良好的情绪品质的同时,也暴露出许多弱点。例如,情绪极易受情境气氛的感染,产生冲动性、暴发性等。实际上,从心理卫生学的角度看,任何一种情绪的产生都有其生理、心理的价值,情绪是一种个体自我保护的机制。下面主要对大学生常见的几种情绪问题进行简要阐述。

一、狂喜

人逢喜事精神爽,春风得意马蹄疾。快乐的情绪对每个人都是必要的,对人的身心健康和事业成功也是有益的。但遇到高兴的事,就欣喜若狂,手舞足蹈,忘乎所以,没有节制,就会起到相反的作用。俗话说乐极生悲,如有的同学为了满足自己的兴趣爱好,尽情地跳舞、游玩、打牌、下棋、参加体育比赛,弄得精神疲惫,无心学习,事后又感到极度的空虚,造成精神压力。这说明适时、适度的积极情绪是有利于身心健康和成才的,但积极情绪也会因反应过度对人的全面发展造成不良影响。

二、自卑

具有自卑感的人,往往具有内向、敏感和多疑等人格特征,在行为上则表现为少言寡语,不善于甚至不愿意交往,行为上退缩等特点。从自卑感发生的强度来划分,可分为轻微的自卑感和过度的自卑感。一般情况下,轻微的自卑感大多与某些具体的失败经历有密切关系,但经过调整可以很快克服。过度的自卑感则与屡次遭受挫折有关,有把具体的失败体验泛化到一切事情的经历的倾向,因此往往导致情绪消沉甚至自毁。

三、自负

自负情绪的产生往往与对他人评价和自我评价有关。那些能力强、知识面广、机灵、学习好、家庭条件优越的大学生容易产生自负情绪。还有的同学的自负情绪产生于对别人的过低评价和过高的自我评价。这样的同学往往只看到自己的长处和别人的短处。其后果可能是削弱上进心,学习成绩下降,也可能因此而造成人际关系紧张,严重的还会助长自私自利的心理。大学生自负情绪的表现不像中小学生那样外露,但也能从言行举止中明显地表露出来。如常常表现出对别人的讲话、成绩不屑一顾等。

四、冷漠

冷漠是一种对人和事都漠不关心的情绪体验。一般来讲，大学生正处于人生的黄金时期，对于很多事情都会产生浓厚的兴趣并注入极大的热情。但有的大学生却表现出对一切都冷漠、不关心痛痒的态度。这种情绪的产生大多与个体所处环境以及个性特点有很大关系，如家庭关系失和的体验，导致对亲情友情认知出现偏差，而不相信人间真情。冷漠的学生表面上看是无动于衷、冷漠无情，但实际上内心却十分痛苦、孤寂，有一种"说不清"的压抑感。结果本人更加痛苦，而且还会造成人际关系紧张，后患无穷。

五、持续抑郁

愁绪满怀、郁郁寡欢、意志消沉，甚至日不思食、夜不能眠等，都是抑郁情绪的典型表现。抑郁情绪也有正常和不正常之区分。

正常的抑郁情绪大多与客观原因有密切联系，如高考落榜、情场失意、亲人亡故、学习和事业受挫等，这些客观原因往往能导致人的精神受到严重创伤和刺激。但这种由有形原因引起的抑郁情绪反应，往往不会影响人参加正常的学习和生活，而且经过一段时间后，这种情绪反应逐渐减弱甚至可以消失。

不正常的抑郁情绪则刚好相反：一是持续时间长；二是情绪低落但找不到明确原因。在这种情绪状态下，良辰美景、鲜花圆月、轻歌曼舞都变成了灰色的和毫无生气的。这种较严重的抑郁情绪往往使正常的学习和生活受到明显的影响，严重者还会反复出现自杀的念头和行为。

六、过度焦虑

焦虑是由几种情绪混合而成的情绪体验。焦虑情绪可能突然发生，也可能缓慢产生。产生焦虑情绪时，人们会感到内心有一种难以适应的紧张与恐惧。一般情况下，当造成情绪紧张的外部刺激消失后，紧张就会解除，机体就会恢复到原来的正常状态。因此，从心理健康的角度看，紧张和焦虑并非一定是消极的,适度的紧张往往会产生积极的效果,如有利于集中注意力,认真分析现实,积极思考消除紧张的对策和方法;有利于分析动机,修正目标;有利于调动潜能和思维。而过分的焦虑则会出现严重的后果,具体来说,过度焦虑的表现如下。

第一,从生理反应来看,出现心跳加快、出汗、失眠、食欲不振、神经过敏等表现。

第二,从心理行为来看,总觉得心慌意乱,坐立不安,浑身无力,情绪消沉,思维杂乱,注意力分散,做事急躁,言语激动等。

焦虑情绪的产生往往与缺乏自信心和出现认知障碍等有密切关系。

第四节　大学生不良情绪的管理

一、正确对待挫折

大学生由于过去的成长环境比较顺利,对生活中的困难和挫折缺乏心理准备,一旦挫折出现,便会惊慌失措,引起一系列不良情绪,如紧张焦虑等。大学生应加强自身修养,树立有价值的目标,对挫折有一个正确的认识,提高挫折容忍力。具体来说,应该做到以下几方面。

(一)对挫折有充分的思想准备

对挫折有充分的思想准备,遇事考虑到可能遭到的挫折,有了思想准备,就能披荆斩棘不徘徊。

(二)看到挫折有利的一面

看到挫折有利的一面。适度的压力有利于调动机体能量,思想上的压力常是精神上的兴奋剂。自古逆境出人才,要把挫折看作是对自己的考验和锻炼。

(三)加强意志力的培养

要树立积极的人生观和远大的目标,有意识地寻找一些有一定难度的事磨炼自己的意志,培养百折不挠、勇于探索的精神。

(四)健全心理防卫机制

防卫机制可有积极与消极之分。

1. 积极的防卫机制

积极的防卫机制促使人产生奋发向上的力量,是战胜挫折的根本方法。它主要包括以下几方面。

(1)升华

指个体将因挫折产生的压力引向崇高的、对社会具有创造性和建设性作用的活动上去。如大学生失恋后全身心投入学习活动中,即是一种升华。

(2)理智

指以积极的态度承认和正视挫折,分析其原因和总结经验,并以坚定的信念、顽强的意志和科学的方法战胜挫折。它是一个人心理成熟的重要标志。

(3)补偿

当某种动机受到挫折不能达到目标时,以另一种目标代替。例如,有的大学生因有某种生理缺陷无法在运动场上胜过别人,因而在学习上加倍努力以取得好成绩来维护自尊。

(4)幽默

幽默也是一种积极的防卫机制。大学生在遇到挫折时如果能够具有幽默感,那么消极情绪就会缓解很多。

2. 消极的防卫机制

除了积极的防卫机制外,人们在遭受挫折后还会使用一些多少带有消极性的防卫机制来保护自己。

(1)投射

投射,即认为他人具有与自己类似的动机、情感或欲望,以此为自己的行为辩护。

(2) 文饰

文饰,即为自己的行为寻找社会可接受的理由以维护自尊,缓冲失败与挫折。

(3) 自居

自居,即把他人具有的、使自己感到羡慕的品质附加到自己身上,以使自己得到间接的荣耀,减低挫折感。

(4) 反向

反向,即行为向动机相反的方向进行,如虚张声势可能反映内心的惧怕。

(5) 压抑

压抑,即设法使自己不注意那些引起焦虑的特定思想、愿望或记忆而减轻焦虑。

上述消极的防卫机制使人否定或脱离现实,曲解引起焦虑的事件,因而能暂时将焦虑减少到最低限度,使内心获得平衡。但消极性的防卫机制只可作为缓解痛苦、避免精神崩溃的权宜之计,使用过多过久,则可能导致焦虑加重的恶性循环。大学生们应着重发展积极的防卫机制,提高战胜挫折的能力。

二、克服性格缺陷

情绪的波动还和性格有着密切联系。性格不同的人,在情绪活动特征上也会有很大的不同。要保持健康的情绪状态,还必须考虑到自己的性格特征,注意克服性格方面的缺陷。一般来说,性格特征倾向于外向的人,比较乐观、开朗,生活中遇到不顺心的事情时,一般能够想得通,易于在情绪上自我解脱;性格特征倾向于内向的人,在困难面前优柔寡断,在危险面前出现恐惧和畏缩,在受到挫折以后,常心神不安,不能迅速转向新的情绪。

三、善于克制和宣泄情绪

大学生对不良情绪要加以克制,善于制怒和适当忍让、回避,以减低或避免激情爆发。宣泄的方式多种多样,如有的学生愤怒时往往暴跳如雷,声音近似怒吼,实际就是一种发泄。如果盛怒时找件体力活猛干一阵,或者作诗、作画、书法;在过度悲伤时,不妨大哭一场,因哭能释放能量,把眼泪排出体外,对身体有利,也可以调节机体平衡。需要注意的是,情绪的发泄不应毫无顾忌,而应以不影响他人的学习、休息和工作为原则。

四、保持和创造快乐情绪

人类不仅具有改变不良情绪的能力,更具备创造快乐情绪的能力。以下几种方法可以帮助我们保持和创造快乐的情绪。

(一)增强自信心

只有有自信的人,才能是快乐的。增强自信心是获得愉快情绪的基本条件。

(二)知足常乐

知足常乐的秘诀在于把理想和需要定得切合实际,增加获得成功体验的机会。

(三)创造快乐

第一,善于用微笑迎接困难,从战胜困难的努力中寻找自己的乐趣。
第二,善于从身边平凡的琐事中发掘乐趣,积极参与生活,体验生活乐趣。

(四)多交朋友

朋友之间可以相互谈心,可以经常将自己的一些不良情绪倾诉给朋友听,这样做可以减轻自己的痛苦,增加快乐的情绪。

(五)多点宽容,少些责备

这里的宽容既包括对自己也包括对他人。对于成长关键时期的大学生来说，对自己严格要求，为自己设立一定的目标并为之努力，是进取的表现。但当目标过高，对自己要求过严甚至苛刻时，就会给自己的身心带来不良影响，对他人也是如此。如果多点宽容、少些责备则有助于保持快乐情绪。

五、创造健康的社会心理氛围

健康的社会心理氛围是大学生情绪健康的良好基础。大学生应积极营造良好的心理氛围，陶冶情操，训练情感，积极寻求宣泄情绪的社会途径。心理咨询是大学生情绪调适的有力支持手段。心理咨询服务有很多，主要包括以下几种。

第一，帮助求助者宣泄、排解和疏导感情冲突，缓解其情绪压力，协助求助者改进认知结构，以新的正常经验代替旧的反常经验，树立对人、对己、对事的正确观点与态度。

第二，帮助求助者更好地适应社会，建立和谐的人际关系，提高学习和生活效率，挖掘自身潜能。

第三，帮助求助者排除心理障碍，促进自然恢复与成长。

目前，寻求心理咨询已成为当代大学生排除心理障碍、预防和治疗心理疾病、保持心理健康的重要途径。

六、培养良好情感

（一）大学生的情感及其特征

情感是指人的复杂的社会情感，可分为道德感、理智感和美感三种。

1. 道德感

道德感是反映一定社会道德规范所形成的道德需要是否得到满足而产生的情感体验。这是在一定社会文化背景下，根据道德准则和规范来认识和评价他人和自己的言行所产生的主观体验。对大学生来说，道德感主要包括以下几方面。

第一,对敌人的仇恨感。
第二,对祖国和民族的自豪感和尊严感。
第三,对不良行为的正义感。
第四,对集体的集体感、荣誉感。
第五,对同学的友谊感。
第六,对学习、劳动及社会活动的义务感、责任感,对事业的使命感等。

2. 理智感

理智感是人在认识客观事物、探求真理的过程中,求知欲、兴趣和创造意识等需要是否获得满足时所产生的情感体验。理智感实际就是人们追求真理的情感。凡涉及大学生智力活动的场合,大学生的理智感都有明显的表现。大学生理智感的状况与志趣的取向有密切的联系。这主要表现为同一学生对不同学科的兴趣差异将影响理智感的状态。反过来讲,对学科缺乏兴趣,是影响大学生理智感发展的重要原因。

3. 美感

美感是客观事物是否符合个人审美需要而产生的情感体验。美感的水平同文化修养、能力和个性特征密切相关,也与时代性、民族性有着不可分割的联系。美感是从具体的形象得来的,因此具有形象直观性和可感性。如,对自然事物的赞美;对社会生活的向往和对人与人之间和谐关系的称羡;对音乐、美术、舞蹈的欣赏等,无一不体现这种特性。由于美感包含内容的丰富性和复杂性,以及大学生校园活动的特殊性,决定了大学生的各类美感都有一定程度的发展。但是由于文化水平、能力和个性特征的差异性,又决定了比其他情感有更明显的差异性。

(二)培养良好情感的主要途径

1. 认识自己和社会

只有对自己有较全面而深刻的认识,才能发现自己需要什么,也只有认识社会,才能在个体需求和社会规范、社会需求中建立和谐的联系。

2. 丰富知识和经验

对客观事物所持的态度和体验往往是与个体对客观事物所知多少及已有的经验分不开的。只有在丰富的现实生活中积累大量的知识和经验,才能不断提高认知水平。而积累大量的生活经验,是以丰富的生活内容为基础的。如果一个大学生不乐于参加各种活动,就会感到生活单调、无聊,甚至精神空虚,理智感、道德感、美感必然得不到健康的发展。

3. 优化个性品质

在个性品质中,意志品质将对培养良好情感产生深刻的影响。因为意志薄弱者永远做自己不良情绪的俘虏,只有意志坚强的人,才能做自己情感的主人。从这个意义上讲,优化个性品质特别是意志品质是培养良好情感的重要途径。

七、掌握情绪调节控制的主要方法

(一)理智消解法

理智消解法应做到以下几方面。

第一,要承认不良情绪的存在,并主动认识自己的不良情绪。

第二,要弄清不良情绪产生的原因,弄清自己所气恼、忧愁、愤怒的事物是否真的可恼、可忧、可怒。若发现事出有因、情有可原,不良情绪也会得到消解。

第三,确有可恼、可怒的理由,则要寻求适当的方法和途径来解决。只要解决了引起不良情绪的原因,不良情绪也就自然消解了。

(二)转移注意法

在某种情绪影响自己或将要影响自己,而自己又难以进行控制时,对这种情绪不予理睬,并将自己的注意力转移到其他有益的方面去,这种情绪调节方法称之为转移。当我们注意某一事件时,这一事件对我们才会产生影响。当我们把注意力放在其他事情上时,原来的事件对我们的影响就会降低或消失。这是一种利用环境的调节和活动的转移来排忧解难的心理疗法。比如,当余怒未消或忧愁未解时,可以听听音乐、看看喜剧、欣赏名画,或者外出逛逛街、赏赏景、散散心,也可以找知心朋友聊天,或与天真活泼的儿童玩。

(三)语言暗示法

语言是人的情绪体验与表现的强有力的影响工具,通过语言可以引起或抑制情绪反应。在情绪激动时,可以自己默诵或轻声警告"冷静些""不能发火",有较大的内心冲突和烦恼时,用"不要怕,不能急,安下心来"等言词给自己以安慰和鼓励;也可以针对自己的弱点预先写上"制怒""镇静"等条幅置于案头或挂在墙上。

(四)合理宣泄法

为了降低精神上的过度紧张,避免产生因心理因素而出现的疾病,很有必要将受到较大挫折后积压在心头的愤怒、悲伤等紧张情绪发泄出来。当然,这种发泄不能为所欲为,必须合理地控制在既能降低自己的紧张情绪,又不至于使他人受到伤害的范围内。我们称这种有节制的发泄为合理宣泄。大学生可以通过以下几种方法来合理宣泄自己的情绪。

1. 诉说

即将自己的情绪用恰当的语言坦率地表达出来,把闷在心里的苦恼倾诉出来,把所受到的委屈全摆出来,这样,对当事人双方都能增进了解,减少矛盾和冲突。

2. 痛哭

若遇到意外打击,产生较大的悲伤、愤怒、委屈时,也可以用痛哭的办法宣泄自己的情绪。生理学家经过化学测定发现:人因情绪冲动流出的眼泪,能把体内精神受到沉重压力而产生的有关化合物发散出来并排出体外。因此,人们在痛哭流泪之后总会感到舒适轻松一些。

3. 行动

在无对象诉说或不便于痛哭的情况下,也可以面对着沙包狠擂一通,或找个体力活猛干一阵;到空阔无人的旷野唱歌或大喊,同样能借此释放聚集的能量,降低、缓解情绪,达到宣泄的目的。

(五)提高升华法

这是一种最为积极的情绪自我调节控制方法,是最有效的情绪宣泄方式。在我们现实生活中,一个犯有错误的同学用洗刷污点、勤奋学习的形式来创造美好的未来;一个学习、生活、恋爱上受过挫折的人,把痛苦转化为对事业的执着追求,因失误带来内疚,就用高尚行为来弥补;具有严重进攻性特征的人,将其精力转向为热爱各种体育项目等。这些都是有意义的升华。

(六)压抑遗忘法

压抑是指对一些既无法升华,又不能转移的不良情绪,用意志的力量将它们排除出自己的记忆,予以遗忘,来保持心理的平衡。不过,压抑不是消失,受挫后的痛苦体验只是在意识的管辖下暂时潜伏着,或者说,由意识的境界转入潜意识的境界。从心理健康的角度分析,压抑是必要的,一定的压抑可以免受各种挫折和痛苦,维持心理平衡。但压抑也有一个限度,压抑过久或过度,又会引起各种心理疾病。因此,对于无法压抑的情绪要以符合社会行为规范的适当方式宣泄出来,如无端受辱可以去法庭起诉,使犯罪者受到法律的制裁等,以此来达到心理平衡。

(七)幽默缓冲法

高尚的幽默是情绪的缓冲剂,是有助于个人适应社会的工具。当个体发现某种不和谐的或于己不利的现象时,为了不使自己陷入激动状态,最好的办法是以超然洒脱的态度及寓意深长的语言、表情或动作,用谐谑的手法机智、巧妙地表达自己的情绪。这样做,往往能使紧张的精神放松,解放被压抑的情绪,避免刺激或干扰,摆脱难堪窘迫的场面,消除身心的某些痛苦,调节和保持身心健康。研究表明,幽默可以活跃气氛,减轻焦躁;可以使人心情开朗舒畅,充满信心。

(八)音乐放松法

音乐可以使人的精神得到慰藉和净化,帮助人从狭小的、喧闹的现实进入崇高广阔的精神境界。一个人因焦虑、忧郁、紧张而失眠,可以听听古典音乐或轻音乐,调整大脑神经系统,减轻某一部分的疲劳程度,从而达到心理平衡,缓解情绪。

第五章 塑造健全人格

　　人格是伴随着人的一生不断成长的心理品质,它凝聚着文化、社会、家庭、教育与先天遗传的个体风貌。人格素质是大学生综合素质的重要组成部分,对提高大学生的综合素质有着重要的促进作用。因此,塑造健全人格是大学生心理健康教育的重要目标之一。

第一节　人格概述

一、人格的概念

　　从字源上看,我国古代汉语中没有"人格"这个词,只有"人性""人品""品格"等词。中文中的"人格"这个术语是从日文引入的,而日文中的"人格"则来自对英文"personality"一词的意译。英语中的"personality"一词最早来源于拉丁文的"persona",本意是指面具。把面具指义为人格,实际上包含着两层意思。

　　第一,指个人在生活舞台上表演出的各种行为表现于外给人的印象特点或公开的自我。

　　第二,指个人蕴藏于内部而外部未露的特点,即被遮蔽起来的真实的自我。

　　随着西方古代语言学的发展,"人格"这一具体的专指面具的词被加以扩展和引申,以至于渐渐演变成一个抽象而又多义的名词,其使用范围非常广泛。即使在心理学中,"人格"也是一个很复杂的概念。人格心理学家有多少种理论就可能有多少种定义。美国人格心理学家奥尔波特曾在综述前人关于人格的研究成果时，列出50个定义。综合学者们的观点，我们认为，人格是指一个人在社会化过程中形成和发展的思想、情感及行为的特有模式，这个模式包括了个体独具的、有别于他人的、稳定而统一的各种心理品质的总体。一般认为，人格包括人格倾向性和人格心理特征。

二、人格的特征

人格具有显著的特征，概括来说主要包括以下几方面（图5-1）。

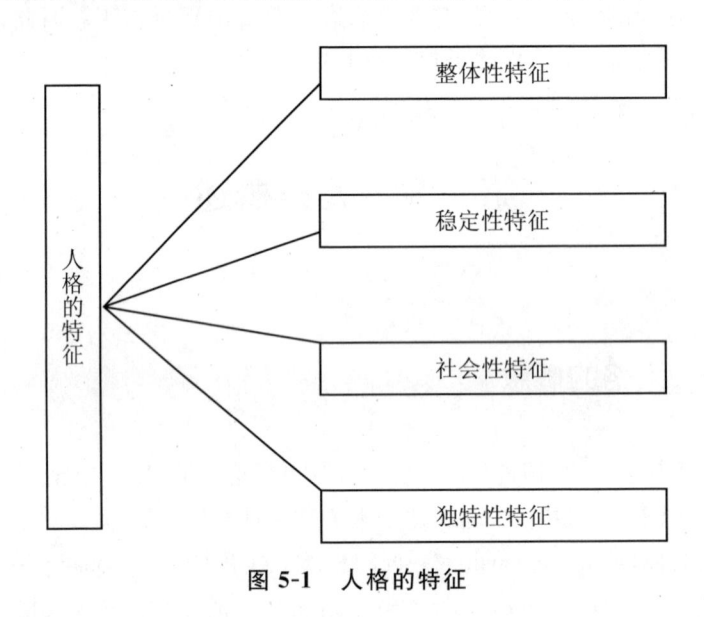

```
                    ┌─────────────┐
                ┌───│  整体性特征  │
                │   └─────────────┘
                │
                │   ┌─────────────┐
┌─────┐         ├───│  稳定性特征  │
│人格 │         │   └─────────────┘
│的   │─────────┤
│特征 │         │   ┌─────────────┐
└─────┘         ├───│  社会性特征  │
                │   └─────────────┘
                │
                │   ┌─────────────┐
                └───│  独特性特征  │
                    └─────────────┘
```

图 5-1　人格的特征

（一）整体性特征

人格的整体性是指人格虽有多种成分和特性，但在一个现实的个人身上是错综复杂的，组成一个有机的整体。人格的整体性表现在人格内在统一性上，一个失去了人格内在统一性的人，他的行为就会经常由几种相互抵触的动机支配，或者思想和行动相互抵触，导致心理冲突，导致人格分裂，形成"双重人格"或"多重人格"。

（二）稳定性特征

人格的稳定性是指较为持久的一再出现的定型的东西。主要表现为两个方面。

第一，人格的跨时间的持续性。

第二，人格的跨情境的一致性。

例如，一个外向的学生不仅在学校里善于交际，在校外活动中也喜欢交际，而且不仅在中学时如此，在大学时也是如此。而那些暂时的、偶尔表现出来的行为则不属于人格特征。

（三）社会性特征

人格受个体的生物性的制约。人格是在个体的遗传和生物性的基础上形成的。人的自然的生物特性不能预定人格的发展方向，然而，它却构成人格形成的基础，影响着人格的发展方向和方式，影响着某些人格特征形成的难易。

（四）独特性特征

独特性特征是指一个人的人格是由某些与别人共同的或相似的特征以及完全不同的特征错综复杂地交织在一起构成的独特的人格。由于人格结构组合的多样性，使每个人的人格都有自己的特点。

三、人格的类型

（一）体液论的四种人格类型

古希腊医生希波克拉底（Hippocrates）认为，人的气质是由人体体液的不同分配比例决定的。他设想人体内有血液、黏液、黄胆汁和黑胆汁四种基本体液，而个体的人格特征取决于这四种体液混合的比例。后人继承并发展了这一学说，把气质分为多血质、黏液质、胆汁质和抑郁质四种类型（图5-2）。

```
         ┌──────────┐
    ┌────│  多血质   │
    │    └──────────┘
    │
    │    ┌──────────┐
┌───┤────│  黏液质   │
│人 │    └──────────┘
│格 │
│的 │    ┌──────────┐
│类 ├────│  胆汁质   │
│型 │    └──────────┘
└───┤
    │    ┌──────────┐
    └────│  抑郁质   │
         └──────────┘
```

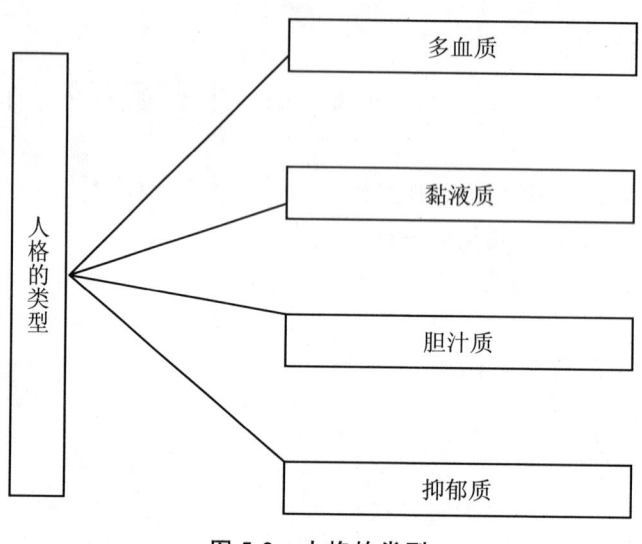

图 5-2　人格的类型

1. 多血质

这种类型属于敏捷而好动类型,具有以下几个特点。
第一,神经过程强而平衡。
第二,感受性低。
第三,耐受性高。
第四,反应快而灵活。
第五,情绪兴奋性高,外部表露明显。
第六,外倾性明显。
第七,行为可塑性大。
第八,行为特征表现为活泼好动,敏感,反应迅速,喜欢与人交往,注意力容易转移,兴趣容易变换,情绪易表现和变换,对行为的改造比较容易等。

属于这种气质类型的人在工作和学习上肯动脑筋,办事效率高;对外界事物有广泛的兴趣。但是他们往往不安于现状,缺乏耐心和坚持性。

2. 黏液质

这种类型属于沉默而安静类型,具有以下几个特点。

第五章　塑造健全人格

第一,神经过程强而平衡且灵活性低。

第二,感受性低。

第三,耐受性高。

第四,反应速度缓慢,具有稳定性。

第五,情绪兴奋性低。

第六,内倾性明显。

第七,行为有一定可塑性。

第八,行为特征表现为安静,反应缓慢,沉默寡言,情绪不易外露,对兴奋性行为的改造容易等。

属于这种气质类型的人无论环境如何变化,总能基本保持心理平衡,凡事力求稳妥、深思熟虑。但是,他们往往过于拘谨,不善于随机应变,常常沉稳有余,灵活性不足。

3. 胆汁质

这种类型属于兴奋而热烈的类型,具有以下几个特点。

第一,神经过程强而不平衡。

第二,感受性低。

第三,有一定耐受性。

第四,反应快而灵活。

第五,情绪兴奋性高。

第六,抑制能力差。

第七,外倾性明显。

第八,行为有一定可塑性。

第九,行为特征表现为直率热情,精力旺盛,情绪易于冲动,心境变换剧烈,脾气急躁,对兴奋性行为的改造较不容易等。

这种气质类型的人一般表现为有理想抱负,有独立见解。但是,他们往往比较粗心,缺乏自制力,容易感情用事,刚愎自用。

4. 抑郁质

这种类型属于呆板而羞涩的类型,具有以下几个特点。

第一,神经过程呈弱型。

第二,感受性高。

第三,耐受性低。

第四,反应速度慢,刻板而不灵活。

第五,情绪兴奋性高而体验深。

第六,内倾性特别明显。

第七,行为可塑性小。

第八,行为特征表现是孤僻胆小,行动迟缓,不易动情,体验深刻细心,感受性很强,敏感多疑,缺乏果断和自信,精力较不足,忍耐力较差,对行为的改造较难等。

这种气质类型的人喜欢独处,交往拘束,极少对外表露自己的情感,但内心体验却相当深刻;他们遇事三思而后行,求稳不求快,因而显得迟缓刻板;性情怯弱自卑,优柔寡断。

(二)荣格的八种人格类型

瑞士心理学家荣格(Carl Gustv Jung)认为,人有内向型和外向型两种基本的倾向。现实生活中极端内向或极端外向的人极少,绝大多数人处于内向与外向之间。荣格还提出感觉、思维、情感、直觉四种心理机能。其中,思维和情感都是理性的,需要判断,感觉和直觉都是感性的,需要体验。荣格将两种态度类型和四种心理机能进一步组合,划分出以下八种不同的人格类型(表5-1)。

表5-1 荣格的八种人格类型

荣格的八种人格类型	具体阐述
内向思维型	这种类型的人喜欢抽象思维,对事物的内在规律和原理感兴趣,常根据自己的主观认识来分析事物,确定行动的目标。
内向感觉型	这种类型的人比较看重事物的效果,不太看重事物的本身,对客观事物有深刻的主观感受,生活中某种颜色或某件小事都会引起他们快乐或悲哀的情感体验。
内向情感型	这种类型的人沉默寡言,不容易使人接近,常给人以冷漠的印象,但其内心情感体验丰富,富有同情心。

续表

荣格的八种人格类型	具体阐述
内向直觉型	这种类型的人经常关注主观体验的潜在背景,内心想象十分丰富,并在他的心理活动中占有重要的地位。他经常产生各种离奇的幻觉、想象,甚至具有超感能力,可以对事物产生某种奇异的体验。
外向思维型	这种类型的人喜欢对外部世界进行有条理的分析,常对行为的结果感兴趣,而对潜在的观念和原理不感兴趣,他的思维活动常以客观事实为依据。
外向直觉型	这种类型的人常对不确定的事物有敏锐的察觉能力,对外部环境中任何新奇的事物都抱有极大的兴趣,但注意力容易转移,难以坚持执行计划。
外向情感型	这种类型的人特别喜欢和睦的人际关系,为人热情,乐于助人,主动而又富有想象力,但经常不遵循传统的价值观。
外向感觉型	这种类型的人对客观事物非常敏感,判断事物的感觉比较灵敏,经常能记住事物的外部特征,对事物外在的美妙和有序赞叹不已。

四、人格的结构

人格结构系统包括认知、动机、性格、气质、自我调控等成分。其中,性格和气质是人格的重要方面,下面就对这两方面进行简要介绍。

(一)性格

1. 性格的概念

性格是一个人对现实稳定的态度和与之相适应的习惯化了的行为方式的总和,是一种与社会相关最密切的人格特征。

2. 性格的特征

性格是复杂的统一体。它有着多个侧面,包含着多种多样的性格特征。

(1)态度特征

对现实的态度,即表现在对现实的倾向性上的个人特征。其基本的态度可分为:对社会、集体和他人的态度,对学习、工作、劳动的态度,对自己的态度。这几种基本态度是互相联系的,统一在一个人的人生观、信念和理想之下。例如一个有共产主义理想的大学生关心祖国的前途也就关心集体和他人,热爱社会主义事业也就会热爱劳动,也就会爱惜社会财富,能正确评价别人也就能客观评价自己。

(2)意志特征

性格的意志特征是指一个人在自觉调节自己行为的方式和水平上表现出来的心理特征,性格的意志特征可分为四个方面。

第一,对行为目标明确程度的特征。

第二,对行为自觉控制水平的特征。

第三,在紧急或困难条件下表现出的意志特征。

第四,在贯彻执行决定上表现出的特征。

(3)理智特征

性格的理智特征是指个体在感知、记忆、想象和思维等认知过程中表现出来的态度和活动方式上的差异,这些差异在个体的性格中具有一定的意义,构成性格的理智特征。性格的理智特征具体表现在以下几方面。

第一,记忆方面如信心记忆型和无信心记忆型。

第二,感知方面如快速型和精确型等。

第三,想象方面如大胆想象型和想象阻抑型等。

第四,思维方面如深思型和粗浅型等。

以上各方面的性格特征相互联系、相互制约,构成一个统一的整体而存在于个体身上。不同的人其性格具有不同的结构,形成一个独特的性格系统。

3. 良好性格的特征

良好性格的特征如表5-2所示。

表5-2 良好性格的特征

良好性格的特征	具体阐述
良好的态度	良好的态度表现为热爱祖国,关心集体,热爱生活,自强不息,开拓进取,执着追求,勤俭节约,正直朴实,谦虚谨慎。
坚强的意志	做事果断,遇到困难坚持奋进,不屈不挠。对自己的行为有明确的目标,有自觉控制自己行为的自制力和纪律性,做事情有恒心,有毅力,能坚持不懈地把事情做好。
健全的理智	有强烈的求知欲,学习的主动性强,不怕艰苦,有取得成功的自信心和坚持力,有克服自卑的能力。
积极的情绪	情绪活动比较适度,能够经常保持愉快、乐观的心境,精神饱满,朝气蓬勃地对待生活。能比较好地控制自己的情绪波动,比较好地处理突发事件等。

(二)气质

1. 气质的概念

气质是不以人的活动目的和内容为转移的心理活动的典型的稳定的动力特征。心理活动的动力特征主要表现为心理活动发生的强度、速度、稳定性、灵活性和指向性(如外向性与内向性)。现实中,有人遇事冷静,不动声色;有人性情暴躁,容易冲动;有人活泼好动,能说会道;有人则多愁善感,胆小怕事,这些都是气质特征的表现。

2. 气质的类型

气质类型是指表现为心理活动的动力特征的神经系统基本特性的典型结合。不同神经系统的基本特性构成了不同的气质特点。气质特点在个体身上的不同组合,就构成了不同的气质类型。在心理学中,大部分心理学家对气质类型都沿用了古老的"四分法",即胆汁质、多血质、黏液质和抑郁质。在人格类型中对气质的类型进行了阐述,这里不再赘述。

第二节　大学生常见的人格障碍

一、人格障碍的概念

人格障碍,也称病态人格,是指在人格发展过程中存在内在的不协调性,在无认知障碍或智力障碍的情况下出现的情绪、动机和行为活动的异常。一个人如果具有人格障碍,就不能与周围环境保持协调一致,并会经常与他人发生冲突,丧失工作的责任心和义务感。有的人甚至会超越社会伦理与道德,做出危害他人和社会的行为。[1]

二、大学生中常出现的人格障碍类型

(一)反社会型人格障碍

反社会型人格是一种带有违法或犯罪特征的人格障碍,具有这种类型人格的人情绪不稳定,常为一时冲动性的动机所支配,容易陷入违法乱纪行为的泥潭。概括来说,反社会型人格障碍的大学生具有以下几方面的特点。

第一,少年期就显露出违法的品行特征,并会延续到成人时期,时常做出不符合社会要求的行为。一般有过撒谎、逃学、打架、小偷小摸、过早性行为、虐待小动物、欺负弱小同伴等行为。有些人还经常破坏公共财物、旷课或因不遵守校纪校规被开除。

第二,情绪易激动,喜欢攻击别人,心肠冷酷,忘恩负义,在侵害他人时没有一点内疚感,对自己的亲人也不例外。

第三,对亲人和朋友没有责任感和义务感,经常不承担经济义务或不赡养父母。

第四,不能从失败和惩罚中吸取教训,所以屡教不改。

---

[1]　张海婷. 高职大学生心理健康教育[M]. 北京:北京理工大学出版社,2020.

（二）偏执型人格障碍

偏执型人格的人对批评特别敏感，对他人的侮辱和伤害耿耿于怀。概括来说，具有偏执型人格障碍的人具有以下特点。

第一，嫉妒心强，对别人获得成就或荣誉感到紧张不安。

第二，心胸狭隘，行动固执刻板，常常毫无根据地怀疑他人。

第三，自尊心极强，总认为自己是正确的，从而过高地估计自己的能力，无端夸大自己的重要性，而习惯将失败归咎于他人。

第四，常过多过高地要求别人，却从不相信别人的动机和意愿。

第五，情感冷漠、孤僻独处，不能与家人、朋友和同事建立亲密的关系。

第六，好争辩，无幽默感，情感和行为反应固执死板，因而很难用说理或事实来改变想法。

第七，不能正确、客观地分析形势，不相信与自己想法不符的客观证据。

（三）强迫型人格障碍

强迫型人格障碍也称为固执性人格障碍，是一种以要求严格和完美为主要特点的人格障碍。概括来说，具有强迫型人格障碍的人具有以下特点。

第一，注重细节，却忽视关键环节或要点。

第二，过分追求完美以致无法完成任务。

第三，过分墨守成规，缺乏随机应变的能力。

第四，情感表达拘束，不易放开。

第五，将自己的意志强加于别人，强令别人按照自己的意愿或特殊要求行事。

第六，做事优柔寡断，总是借故拖延或回避。

第七，缺乏幽默感和灵活性，缺乏创意，拘谨吝啬。

第八，自制力和自我约束力过强，常有不安全感和不完善感。

第九，过分注意自己的行为是否正确、举止是否恰当，因此言行十分拘谨和小心翼翼。

第十，思维僵化，缺乏随机应变的能力，常常顾虑小事而忽略大事。

第十一,在现实生活中,一般无明显的金钱欲望却过度地献身于工作,并因此而放弃休闲的生活和他人的友谊。

第十二,对伦理道德、价值观等问题表现得过于诚实,毫无弹性,遇事优柔寡断,难以作出决定。

(四)自恋型人格障碍

自恋型人格障碍是一种常被误解的复杂人格障碍,其具有以下几方面的特点。

第一,过分关注自我,喜欢以自我为中心,常幻想自己很了不起,有过人的才学或外貌。

第二,对别人的评价很敏感,尤其不能接受他人的批评和建议。

第三,非常专注于充满成功、权力和成就的幻想,注重争取权力,期待得到特殊待遇,享受特权。

第四,在与他人交往时,缺乏同情心,嫉妒心强,不能体谅和理解他人的感受。

(五)退缩型人格障碍

退缩型人格障碍是以全面的社交抑制、能力不足感、对负面评价极其敏感为特征的一类人格障碍,其具有以下几方面的特点。

第一,一般具有害羞、胆小、退缩、自卑等心理特点。

第二,对社交感觉不适,害怕人际交往中负面的评价,容易因批评或不同意见而受到伤害,因此总是尽量回避重大的社交或职业活动。

第三,常因担心遭到拒绝而不愿与他人交往,除非确保会被友善地接纳。

第四,除了亲人,没有其他的知心朋友。

第五,在日常生活中,常表现得安分守己,按部就班,不敢应对挑战,不愿跨越常规解决问题;遇到非常规的事情时,总爱夸大其潜在的困难和危险,因此经常错过解决问题的最佳时机。

(六)依赖型人格障碍

依赖型人格障碍是以顺从和依赖为行为特征的人格障碍,其具有以下几方面的特点。

第一,如果没有亲密的人会感到很无助甚至崩溃。

第二,独处时常常会有不适和无助感,总是逃避孤独。

第三,具有无助感,常常依赖别人为自己选择或做决定。

第四,没有独立性,过度容忍,为讨好别人甘愿做自己不愿意做的事情。

第五,对亲人与归属有过分的渴求,缺乏自信,在没有他人的建议和保证时,对自己的日常生活或其他事物不能做决定,也无法做决策。

(七)冲动型人格障碍

冲动型人格障碍又称爆发型或攻击型人格障碍,它以情感爆发,伴明显行为冲动为特征。其具有以下几方面的特点。

第一,易与他人发生争吵和冲突。

第二,有突发的愤怒和暴力倾向,对导致的冲动行为不能自控。

第三,不能坚持任何没有即刻奖励的行为。

第四,对事物的计划和预见能力明显受损。

第五,不稳定的和反复无常的心境。

第六,经常出现自杀、自伤行为。

(八)表演型人格障碍

表演型人格障碍又称戏剧化型人格障碍,指过分戏剧化的自我表现以及寻求别人注意的人格障碍。其具有以下几方面的特点。

第一,经常渴望表扬和同情。

第二,表情夸张像演戏一样,以吸引注意力。

第三,暗示性高,很容易受他人的影响。

第四,情感易变,常把自己的感受和情感加以夸张。

第五,自我中心,强求别人符合自己的需要和意志,依赖性大,常需别人的保护与支持。

第六,非常重视自己的吸引力,有时甚至不适当地表现自己。

第七,具有浓厚和强烈的情绪反应和装腔作势的行为特点。

第八,说话夸大其词,掺杂幻想情节,希望自己总是被注意的中心,而且常做一些不适宜的事情去争取成为被注意的中心。

(九)癔症型人格障碍

癔症型人格障碍又称表演型人格障碍,常以过分的感情用事或夸张的言行吸引他人的注意。其具有以下几方面的特点。

第一,感情用事,情感体验肤浅,按自己的好恶去判断事物的好坏。

第二,高度的自我中心,爱表现自己,行为夸大,富有表演色彩。

第三,高度的暗示性,容易受外界事物的影响。

第四,爱幻想,不切合实际,夸大其词,令人难以核实或相信。

第五,常以奇装异服来吸引别人的注意,或通过表情丰富、内容夸张的表演获取他人的赞美。

第六,如果在情感受挫或处于激愤状态下,很容易做出自伤或自杀行为。

第三节 大学生健全人格的塑造

一、树立正确的理想信念

大学生从一入校起,就要树立正确的人生观。人生观是人格的核心内容,是支配人的行为、态度、理想和信念的内在动力。没有正确的人生观就会影响大学生心理结构的正常发展,偏离健康人格的轨道。大学生可以通过系统地接受知识和参加实践活动,了解自然界和社会发展变化的规律,体验健康的情感情操,这些对形成正确的人生观有极其重要的意义。

二、培养良好的思维品质

实践证明,不良的思维容易导致不正确的认识,出现不良行为,久而久之易形成不良的人格。因此,大学生要有意识地培养良好的思维品质,必然有助于促进自己良好人格的形成。

三、提高自我学习的能力

大学生学习的根本任务在于获取知识,在努力学习专业知识的同时,还需要多读书、读好书,从各类书中汲取成长所需的各方面知识。学习科学文化知识、增长智慧的过程也是优化人格的过程。只有多读书才能使人开阔眼界,提高修养;只有勤奋读书,才能掌握更多的知识,而掌握知识又是形成良好道德品质的基础。学习除可以获得丰富的知识外,还可以提高自我教育能力。因此,在大学的学习期间应该发奋读书,形成良好的道德品质。通过自我学习,不断地意识到自我需要、自我存在的价值,以提高自我评价、自我调控能力,从而实现自我、完善自我,达到自我培育的效果。

四、营造良好的环境氛围

人格的培养与形成受社会各方面潜移默化的影响,是个人与他人、家庭、学校、社会相互作用的过程。现在,有些家长只重视孩子智力的开发而忽视了其他方面,或家长本人的人格有缺陷,对孩子就会产生消极的影响。通过人际交往,人们可以以他人为镜,从与别人的比较中认识自己人格上的优缺点;通过交往也可以了解自己的哪些方面受到赞扬、鼓励或受到指责、批判,从而有针对性地调整自己。

五、陶冶自我的情操

大学生正处于学习的黄金年龄,除了要学好基础课、专业课外,还应该培养自己的爱好,加强素质方面的学习和提高,从而达到陶冶情操、优化人格的效果。例如练习书法可以净化心灵,稳定情绪,克服急躁心理;练习下棋可以开拓智力,活跃思维;运动可以磨炼意志等。

六、培养良好的习惯

要培养健全的人格,大学生要培养良好的习惯。一言一行往往是人格的表现,反过来,一个人日常言行的积淀成为习惯就是人格。老子说:"千里之行,始于足下。"一个人的果敢坚毅、勤劳勇敢、细致周密等都是长期慢慢形成的良好品格。例如,一个人经常把东西摆放得整整齐齐,房间打扫得干干净净,衣服穿得整洁,鞋子擦得光亮,这些日常小事"聚沙成塔",最终形成优良的人格。

七、客观地进行自我认知

完善人格的前提是对自我有客观准确的认知定位。随着年龄的增长,大学生的心理发展不断成熟,构成人格的各种心理品质也逐渐由最初的互不相关,发展到和谐一致的状态。在这个过程中,大学生要学会对自信、勇敢、坚毅、善良等自我心理发展的积极因素进行选择,以达到塑造健康人格的目的;对于自卑、虚荣、狭隘、自我中心等人格的弱点,要进行改正。

八、确定积极可行的生活目标

第一,要培养健全的人格,大学生要积极进取,有自己奋斗的目标并努力实现,追求自我价值的实现。

第二,生活态度乐观自信,对前途充满希望,对未来充满信心,在实现目标的过程中,体验到胜利的喜悦,享受到生活的乐趣。

第三,选择某些健康的人格品质作为努力的方向,如勇敢、热情、勤奋、刚毅、正直、善良、自信、开朗等,针对自己人格上的弱点予以纠正,如自卑、胆小、懒散、任性、粗心、急躁等。

九、学会在智能结构上优化组合

学习文化、增长智慧的过程也是人格优化的过程。事实上,无知使人自卑、粗鲁,丰富的知识使人自信、坚强等,知识之间既相互联系又相互促进,可以说,有了智能基础,人格发展的速度和质量才有保证。反之,兴趣单一、才智片面发展的人,虽然也有可能成才,但不少是非痴即怪。对于大学生来说，只有处理好人格全面发展与专业成才的平衡关系，纠正其人格缺陷，才能更好地适应社会。

十、积极参加社会实践活动

大学生应该积极参加社会实践，学校同时也应予以支持，以有利于大学生健康人格的塑造。大学生可以参加的社会实践活动一般包括以下几方面。

(一)军训

军训有利于大学生克服自我中心意识和懒散作风，树立国防观念、纪律观念和集体观念，培养吃苦耐劳的精神和克服困难的坚强意志。因此，大学生在军训期间应该积极参与，而非以各种理由逃避。

(二)学科专业和学术性研讨活动

它们不仅可以在实际生产、生活运用中加深大学生对专业知识的理解，还可以增加对科学知识、科学技术价值的积极情感体验，从而让自己更加热爱知识，积极地进行创造性活动。

此外，还包括社会政治性的调查活动和各类社会服务活动，如勤工助学、社区劳动、青年志愿者活动以及科技、文化、卫生"三下乡"活动等。

第六章 掌握学习奥妙

学习是学生的第一任务和主要活动,是一个极其复杂的心理活动过程。一方面,学习促进大学生的心理发展和成熟;另一方面,心理因素的健康发展,又促进了学习的提高。因此,研究和探讨当代大学生学习的相关知识,对于提高大学生的学习心理调适能力,促进其顺利完成专业学习具有重要意义。

第一节 学习概述

一、学习的概念

学习的概念有广义和狭义之分。从广义上说,学习是人和动物在生活过程中获得个体经验的过程。从狭义上说,学习是专指学生在学校里的学习,即学习是学生在教师的指导下,有目的、有计划、有组织、有步骤地获得知识、形成技能、培养才智的过程。

二、学习的特点

概括来说,学习的特点主要包括以下几方面。

```
          ┌──────────┐
     ┌────┤  意识性  │
学习 │    └──────────┘
的   │
特   │
点   │    ┌──────────┐
     └────┤  社会性  │
          └──────────┘
```

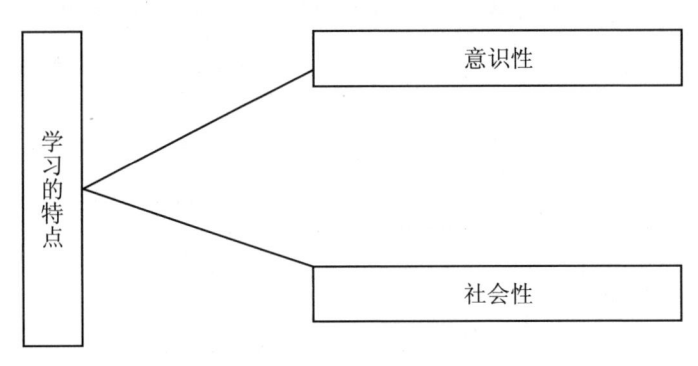

图 6-1 学习的特点

(一)意识性

人类是有意识的,意识使人能够按照一定的计划和目的进行学习,所以说,人的学习具有意识性的特点。

(二)社会性

人们都生活在一定的社会环境中,在这样的环境中,个体除了可以通过直接参与的方式来获得社会经验外,还可以通过学习的方式来学习人类长期积累下来的社会历史经验,从而使个体的知识得到不断丰富。

三、学习的心理基础

学习活动有一套完整的系统的心理结构,主要由智力、能力和非智力因素组成,这也就是学习的心理基础。

(一)智力

人的智力是在不同种类的活动中表现出来的能力,是人脑的各种认识组成的、稳固的、综合的反映。它最基本的认识力主要是记忆力、观察力、思维力和想象力等,其中思维是核心。

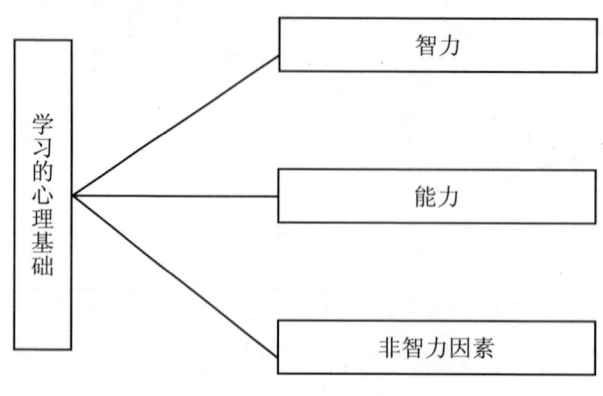

图 6-2　学习的心理基础

（二）特殊能力

人的特殊能力是受人的智力支配的、改造事物的各种操作动作组成的、稳固的实际行动能力，是在某种专业活动中表现出来的能力，它是顺利完成某种专业活动的心理条件。如音乐家区别曲调的能力等都属于特殊能力。

（三）非智力因素

非智力因素有狭义和广义之分。狭义的非智力因素是指对智力活动所起的作用更为直接、更为突出和更为明显的心理因素，如独立性、意志坚韧性、好奇心、勤奋等非智力因素。从广义来看，非智力因素包括学习动机、兴趣、情绪态度、性格等因素。这些心理因素都对智力活动起着一定的促进或阻碍作用。

在学习活动中，学习的成败，即学习的效果和成就，个人的智力因素起着重要的作用，而非智力因素也起着重要作用，良好的非智力因素与智力因素密切配合，是学习成功的必要条件。

第六章 掌握学习奥妙

四、大学生的学习

(一)大学生学习的特点

1. 大学生学习的普遍特点

大学生的学习活动具有新的特点,概括来说,这些特点主要包括以下几方面(表 6-1)。

表 6-1 大学生学习的普遍特点

大学生学习的普遍特点	具体阐述
自主性	大学阶段的学习虽然也强调教师教学的重要性,但是除了在课堂上,其他时间的学习基本上要学生自己去独立完成。这样一来,大学生就有很多的时间可以自由支配,这些时间如果安排得好,大学生能够利用这些时间自主学习,那么基本就不会出现适应不良的情况;相反,如果这些时间不能被大学生合理支配,那么就有可能出现适应不良的问题。大学中无论是学习时间、学习内容还是学习方式都比较注重学生的自主性,强调的是学生学习的积极性和主动性。所以说,大学生的学习具有主动性的特点。
专业性	进入大学之后,每个人都要根据自己的兴趣、爱好等选择自己所要学习的专业方向,大学的学习实际上就是一种专业学习。大学生要在专业定向的基础上学习各类知识,努力把自己培养成为社会需要的合格人才。
多样性	之所以说大学生的学习具有多样性的特点,是因为在大学阶段,大学生除了可以在课堂上获得知识外,还可以通过阅读、听讲座、上网查资料等途径来学习,这些途径虽然在中学中也采用,但这些途径被大学生采用得更多,因为他们有足够的时间去通过这些方式来学习。

续表

大学生学习的普遍特点	具体阐述
探索性	探索性是指大学生在学习过程中对书本结论之外新观点的寻求和钻研。爱因斯坦曾强调教育必须重视培养学生会思考、探索问题的本领。这就要求学生不但要掌握所学的知识,而且要掌握知识的形成过程,了解学科和专业发展状况、存在的问题以及解决这些问题的可能性,掌握学科的研究方法和培养独立思考、探索创新的精神。而死记硬背、缺乏灵活性与创造性的大学生将会感到压抑和不适应。
创新性	目前,高等学校普遍加强对大学生创新能力的培养,在课程设置、课程安排、课程衔接上突出学生的主体地位,体现创新,加大了学生实践环节的培养力度,旨在提高大学生的创新能力。

2. 大学生学习的阶段特点

大学学习可分为三个阶段,即进校初期、大学中期、毕业时期。阶段不同,大学的学习特点也不同。

(1)进校初期

由于该阶段主要是学习基础理论课,为今后学习专业课打好基础,所以此阶段也称打基础阶段。打基础阶段的学习,需要大学新生对知识、信息的理解、掌握能力发生一个质的飞跃。因此,这一阶段的学习需要由依赖教师、书本的模仿,再现知识的机械性,转变为自觉地、独立地获取知识,主动性地掌握信息。

(2)大学中期

这一阶段为学习提高阶段,此阶段的学习进入了专业基础课程与专业课程的学习阶段。这个阶段要完成由基础知识的掌握提高到实际运用课程或工科技术学科的学习,并获得解决实际问题的能力或实际动手的能力,培养创造精神,明确专业主攻方向,初步形成自己的才能。因此,大学中期阶段异常重要,这一阶段要从以下几方面适应过渡。

第一,学会选择专业主攻方向。

第二,处理好必修课与选修课的关系。

第三,学会搞好课程设计或学年论文。

第四,学会做好实验,写好实验报告,或参加课堂讨论、小型学术讨论会。

(3)毕业阶段

这是学生完成学业的阶段,也是从学校走向工作岗位的过渡阶段。这一阶段,主要是学习专业技术课程,完成毕业设计或毕业论文。此阶段学习最紧张,也是大学生学习的高峰。因此,这一阶段要求学生具有创造进取精神和成熟的组织管理能力。学习的方式则主要是向工厂、企业及社会获取各种信息,通过毕业设计或毕业论文,全面检查四年学习的成果及所具备的能力。

(二)大学生学习的动机

大学生学习的动机如表6-2所示。

表6-2 大学生学习的动机

大学生学习的动机	具体阐述
多元化	大学生学习动机受家庭、学校、社会、个性特点以及心理成熟度等众多因素的共同影响,各方面的需求使他们的学习动机表现出多元化的特点。具体表现为大学生的学习行为并不是只受单一动机支配的,有研究表明,一般情况下大学生会同时拥有3至6个学习动机,如求知、兴趣、父母期望、求职、社会赞许等。
差异性	大学生学习动机的各维度和整体水平都在性别、专业和学校类型等方面存在一定的差异。大学生学习动机的差异性还表现为学生个体间的差异,每个学生都是独特的个体,具有不同的生活经历、需求、兴趣和个性,自然发展出不同的学习动机。

续表

大学生学习的动机	具体阐述
功利性	许多研究都显示大学生学习动机呈现出功利化倾向,具体表现为大学生更倾向于选择实用性强的课程,将大部分学习时间分配在考各种证书和应付期末考试上。大学生学习动机的功利化倾向与我国的教育环境、社会形势和父母期望有不可分割的关系。
波动性	表现为大学生随着年级、年龄的升高,会产生不同的学习动机类型和学习动机水平。从大一到大四,学生的心理愈来愈成熟,不断调整自己的认知,对自己有了不同的认识。另外,社会形势不断发生变化,学生的内在需求和外在要求也不断改变,随着需求的改变,学生的学习动机也随之变化着。

(三)大学学习的方法

1. 教学环节的学习方法

(1)课前预习

预习的目的是为了提高听课效率,加深对听课内容的理解,培养独立思考能力,赢得时间积累。但是,预习不必太细太深,也不必只图形式,而应是实实在在地思考。具体来说,课前预习应做到以下几方面。

第一,课前预习可以做到心中有数,争取听课的主动权。课前预习对原有知识是一次复习,对于新内容亦有思想准备,容易抓住老师的思路,掌握重点、难点、关键点,同时听课兴趣也会相应提高。

第二,课前预习有利于提高课堂独立思考能力。预习是一种自学,久而久之,养成良好习惯,独立思考能力会得到提高,在老师的启发下,很容易产生创造灵感。

第三,课前预习可以改变学习的被动状态。如果不预习,听课不主动,课后理解不了,作业要花更多的时间,显得时间更紧张,就更谈不上预习,这样循环的结果是更不会争取时间。因此,对于学习困难的同学,预习就显得更为重要。

(2)记笔记

记笔记是大学学习区别于中学学习的一个重要特点。大学生课堂听课,不仅要记笔记,还要学会善于记笔记。记课堂笔记的作用很多,如记下课堂讲授的主要内容和思路以备复习;记笔记可以集中听课思想,利于培养逻辑思维能力;记下尚未明白的疑点,有待课后钻研等。可见,记笔记是必要的。正确对待记笔记,要处理好四个关系。

①正确处理听与记的关系

课堂上听与记两者关系,以听为主,以记为辅。"听"与"记"的比例,要因人而异。对于接受力强的人,可多记一点,对于学习较吃力的人,可少记一点,或课后再补记。不记笔记的学习方法是不可取的。

②正确处理快与美的关系

记笔记要力争快、准、美,但对于听课吃力,课堂理解力较困难的同学,以求快和准为主。

③正确处理该记与不该记的关系

对于定义、定律定理的推演等可不记,但对于老师指点的承上启下的关键、治学的体会、学科动向的新信息、本章节的重点要点、老师的思路,以及老师所下的结论及对章节的归纳应及时记录。

④正确处理死记与活记的关系

死记,就是为笔记而记笔记,这种方法是不可取的。活记,则是侧重老师的思路,记重点、难点、关键点。长期坚持活记,学习能力会得到较快的提高。总之,记笔记是一种学习功夫,有的同学在谈到记笔记的经验时说:"详略得当选择记,结合理解灵活记,板书时间迅速记,不懂问题特殊记。"这个经验可资借鉴。

(3)复习

复习是用来消化、巩固、应用所学的知识的。复习这一环节不仅可以弥补课堂听课的疏漏,更重要的是可以完成知识的积累。在复习时,要抓住重点,另外,独立思考能力更为重要。因为,只有通过积极的思考,才能将所学知识消化、吸收,真正变为自己的东西;只有通过积极的思考,才能真正理解所学的知识,从而把它记住。除了做好及时复习外,还要做好单元复习、阶段复习和期终总复习。总复习时应尽量将相似科目隔开,以避免干扰,提高复习效果。连续复习时间不宜太长,要注意劳逸结合。

2. 自学的学习方法

大学学习,自学是主要的,而且随着向高年级的递进,自学更为重要。可是大学一年级学生往往不会自学,有的学生或者自学起步较晚,贻误了学习时机,有些学生甚至到了大学一年级末还未摸到大学学习的门。这就要求同学们注意吸取高年级同学学习的经验,在学习中慢慢摸索出适合自己学习的行之有效的方法来。具体来说,应做到以下几方面。

(1)要自觉培养自学的能力

①培养驾驭语言、文字信息的能力

学生的自学对象,主要是书刊,方式主要是看、读、写、练。另外还有有声信息,要靠听获取。因此,要在自己的看、读、写、听、练中,不断提高对语言、文字信息的汲取、辨认、选择、整理的能力。这是自学的一种基本的能力。

②培养基础知识的储存能力

基础知识是自学的前提条件,它具有对自学指导、扩展、再生的作用。基础知识与大学的知识是有联系的一个系统,因此,要储备各种基础知识。

第一,要有意识地回顾、整理已有的基础知识,并与新的有关基础知识结合起来。

第二,对新的基础知识本身,要把握其系统的逻辑结构、层次、基本概念、基本原理或原则定理公式,进而把握各种概念、原理等之间的关系,并将之网络成容易掌握、中心突出的知识体系。

经过上述对知识的储备和消化,学习就能举一反三。

③培养对知识信息的心理反应能力

这种能力是完善大脑准确、高速处理知识信息功能的条件,是感性、理性思维能力的相互渗透、相互作用的整体效应。这里所说的感性思维,主要是指自学过程中对书本知识的感性洞察能力,对实验、实习的观察能力。感性知识量的积累,会引起质变,萌发同学们的创造能力。

(2)要掌握自学的技巧

自学的技巧比较多,但主要的有下列三个(表6-3)。

表6-3　自学的技巧

自学的技巧	具体阐述
多疑好问	学问,要学要问。最善于问的人,往往是学得最好的人。学习,就是由不知到知。不知,就是问题,有疑就问。问号是打开科学大门的钥匙。当然,问要问在点子上,问在关键处。不要钻牛角尖,那样会耗尽精力而进步不大。
循序渐进	循序渐进,由浅入深,由易入难,从基础知识到专业知识。大学的课程,是按照循序渐进的原则设置的。序,就是次序,就是科学内在的规律。在学习上,跳是跳不过去的,绕也是绕不过去的。唯一的道路,是一步一个脚印地循序渐进。大学生们在学习中要克服好高骛远、急于求成、一步登天、一蹴而就的思想,克服见到困难绕着走,弄不懂就"跳"过去的思想,要踏踏实实、认认真真地学好基础知识及专业知识。
专深博闻	所谓专深博闻,就是在专业范围之外,尽可能多懂一些。当代科学的特点是分工越来越细。分工越精细,越有利于科技工作者集中精力攻关。但是,分工不等于分家,不能"隔行如隔山"。当代科学的另一个特点是彼此交叉,在边缘地带不断产生新的学科。这就要求科技工作者尽量博闻,不只是懂一门科学。大学是培养科技精英的园地,是莘莘学子学习知识、打好基础的摇篮。大学生们在学好本专业知识的基础上,也应重视文史、社会科学知识的学习,文理兼容。

第二节　大学生常见的学习心理问题

一、学习适应不良

(一)学习适应不良的表现

1. 学习环境不适应

有幸进入大学的新生,他们在中学学习期间一般都是班上的佼佼者,自尊心、好胜心和荣誉感都比较强。因为考上大学,他们得到学校、社会、家庭、亲友的较高评价,自我评价一般偏高。进入大学后,由于学习环境和学习方式的变化,原有的突出位置无法维持下去,自尊心受到了挫伤,优越感荡然无存,如若不能正确对待,很容易由"自尊"转为"自卑",常常由于"理想之我"与"现实之我"的矛盾,而处于苦恼不安之中,甚至对学习失去信心。

2. 学习方法不适应

大学的学习特点与中学相比发生了许多变化。中学教学方式一般以灌输为主,学生学习完全依赖于教师和书本,熟记教师整理过的东西是中学学习的主要方法。大学教师讲课常常是提纲挈领和指导性的,指令性的要求少,至于选择什么样的学习方法去理解和消化知识,更是由大学生自己决定的。所以,自觉自主的学习是大学学习活动的核心。因此,大学生的学习不能完全依赖教师的计划安排,不能单纯地接受讲课的内容,必须充分发挥主观能动性,体现大学学习自主性的特点。为数不少的一年级新生,对大学学习感到难以适应的心理困惑,原因就在于已失去对教师和书本的依赖,又未形成自主学习的习惯。面对不断增加的新课程,日益加深的学习内容,不少学生学习不得法,几次考试成绩不理想,便对今后的学习产生很大的心理压力。心理素质差的整天垂头丧气,情绪低落。更有甚者,会由此发展成为精神崩溃,甚至轻生。而心理素质较好的学生,则会努力去适应学习方法的变化,将压力变为前进的动力,从而激发自己的学习热情。

3. 专业学习不适应

大学生的学习有一定的专业方向,是围绕着培养目标进行学习的,所以说,专业学习是大学生成才的需要,是大学生走向成功、实现理想的重要起点。但新生入校后,有不少学生对自己所学的专业没兴趣。甚至一上专业课就头痛,有的认为自己的兴趣、爱好都不在此,为此感到前途渺茫,导致学习动力不足。有些人因此变得消沉或厌学,学习情绪低落,学习成绩上不去。也有的属于填志愿时以能被录取为原则,进入大学后就决心改行了,学习本专业仅仅是为了混文凭。此外,还有些大学生对感兴趣的东西花大量的时间去兼顾,为此占用了大量学习专业课的时间,结果导致专业学习考试通不过,于是,人总处在烦躁不安、怨天尤人的状态之中,结果是专业学不好,爱好也没有兼顾到,最终毁了自己。

4. 自主择业不适应

随着高校毕业生就业制度改革的不断深入,多数学生在毕业后将在国家有关政策指导下,通过人才市场自主择业。在应聘中,学生的学习状况、专业需求状况和个人素质是决定能否找到满意职业的关键所在,因此,专业对口、企业急需、个人素质好、实际工作能力强的毕业生普遍受到用人单位的欢迎,反之,用人单位则不愿意接收。这种双向选择的竞争态势,直接影响着在校大学生,并给部分学生造成心理压力。在竞争中成才,已成为大学生的普遍心理,这本是市场经济的必然要求,但有的同学在竞争的学习氛围中,却表现出一种畏惧心理。另外,对比较受欢迎的专业,学生学习的积极性就高。反之,冷门专业,择业比较困难的专业,一些由于专业不同而产生的就业差别,也直接影响着在校大学生的学习,表现为学生学习积极性低落,专业思想不巩固,并伴有焦虑和无奈的心理,这些专业的学生补考率往往高于其他专业的学生,有的学生甚至留级、退学。

(二)学习适应不良的原因

学习适应不良的原因主要包括主观因素和客观因素两方面。

1. 客观原因

大学的学习相对于中学来讲,在教学特点、方式和内容上有着很大的不同。大学老师上课时来,讲完就走,一堂课讲述的内容多,而且有时会与教科书上有出入,注重教学的内在逻辑严谨,而不太注意学生的反应。另外,新生在中学阶段,无论是在家庭里还是学校,都是"重点保护对象""尖子"。而进入大学之后,这种优势丧失了,家庭的保护成了遥远的思念,尖子生的优越成了过去的荣誉。在陌生的新环境中,一切要从头开始,从自己做起,这种巨大的变化,对心理素质尚未成熟的大学新生,带来了情绪的波动和不安,从而影响了学习的正常进行。

2. 主观因素

所谓主观因素,主要是大学生心理发展的不成熟,它是造成学习不适应的内因。大学生处在青年期这一年龄段,正是心理素质趋于成熟的时期,即具有独立意识和独立意识的人的诞生时期。所以,一般来讲,大学生的自我意识觉醒,独立的成人意识强烈。但是由于现在的大学生绝大多数是从中学直接升入大学,生活的阅历浅、经验少,形成了强烈的成人认同意识与欠缺丰富的社会经验之间的矛盾。加上中学时在高考竞争的压力之下,无论是学校还是家庭,大多是只重视知识的学习,强调分数,而忽视了能力的培养,这就使得大学生虽然有着强烈的成人意识,但在心理上仍然不自觉地对父母、师长有着强烈的依赖性。在学习上,还希望教师日日在侧,父母天天督促,因而在现实的学习生活中感到很不适应,产生了消极甚至厌烦的情绪,妨碍了学习。

二、缺乏学习动机

中学时,许多学生把上大学看成是唯一的奋斗目标,一旦进入大学,目的达到了,奋斗就失去了方向。加上刚上大学,课余时间比较自由宽裕,竞争意识弱化,部分学生便产生了"松口气,歇歇脚"的心理,结果生活懒散,学习松懈,成绩下降,甚至出现多门功课考试不及格,并因此心理受挫,产生苦闷和悲观的情绪。所以作为一名大学生,学习动机的确定是至关重要的。没有学习动机的学生,胸无大志,缺乏学习内驱力,学习成绩因而下降,有的甚至留级、退学。

三、学习过度焦虑

造成学习过度焦虑的原因是多方面的。有些同学在环境影响下形成了不适当的学习目标和抱负,或是希望通过学习保护自己的自尊心,而自信心又不足,于是心理压力很大。此外,个性偏敏感、易焦虑的大学生,往往容易产生学习过度焦虑。有些学生为了减轻学习焦虑,对学习采取回避、退缩的态度和方式,逃避、害怕、厌烦学习和考试。或是因心理压力过大,导致神经衰弱等心理障碍。

四、学习心理疲劳

学习心理疲劳表现为注意力不集中、思维迟纯、情绪躁动、精神萎靡、学习效率下降,学习错误增多,出现失眠等。心理疲劳不同于生理疲劳,生理疲劳是由于肌肉活动过度,使血液中代谢废物如二氧化碳和乳酸增多,导致腰酸背痛、乏力等。心理疲劳是大脑细胞活动持续时间较长,导致脑细胞处于抑制状态。学习心理疲劳在大学生中并不少见,造成这种现象的原因包括以下几方面。

第一,在学习活动中,不注意用眼卫生,学习内容长时间过于单调或生活中缺乏劳逸结合。

第二,学习内容难度较大、学习过于紧张,使大脑神经持续处于高度紧张状态。

第三,对学习活动缺乏兴趣,厌烦、畏难,或由于受到其他因素干扰,学习中情绪低落,从而导致大脑神经活动处于抑制状态。

第四,学习心理疲劳若得不到及时有效的消除,不但影响学习效果,而且使精神状态不良,甚至引起神经衰弱等心理障碍。

五、学习无助感

（一）考试焦虑和怯场

考试焦虑是指因各种原因造成的情绪紧张致使原来已形成的熟练的识记内容不能重新再现。严重焦虑会导致应试中出现"晕场休克"。其实，应试时的紧张感是一种正常的应激，指由外界情况变化，主要指比较紧急的或危险的状态所引起的一种情绪表现。考试焦虑和怯场的原因有以下几个方面。

1. 缺乏自信

有些同学由于种种原因曾经经历了考试失败的打击，这在心理上就会形成失败定式，即以前具有的解决类似问题的经验，对后来解决类似问题的影响。作为失败定式——"上次没考好……"，会像个阴影一样干扰和妨碍自己，于是打破了心理的稳定性，分散了精力，在考试中遇到问题时，就会联想曾经有过的失败，由此产生恐惧和慌张，从而影响考试水平的正常发挥。

2. 动机超强

对考试成绩的要求很高，把分数看得过重。在这种强烈的动机促使下，造成精神的极度紧张，过分担忧自己考试的成败。而进入考场中，一旦真的遇到难题，更是联想万千，从而影响了应试的正常顺利进行。

3. 身心过度疲劳

一方面，作为正常的应试，已使自身在体力和体能上有所消耗，考试本身就让人有一种压力感和紧张感，所以，每当考完最后一门课时，都会感到很轻松；另一方面，是人为的紧张因素。为了能考得好，拿高分，有的同学打乱了以往的生活规律，头悬梁，锥刺股，夜以继日地复习，使得身心极度疲劳，因而产生了负诱导。即在大脑皮层的兴奋点周围产生抑制作用，抑制兴奋过程的扩散，这也是大脑的一种自我保护功能，而且这两种神经活动过程永远是相互引起和相互加强的作用。所以,抑制作用一出现,就会出现记忆再现的障碍。越心急,越加强负诱导,越想不起来就越急,最后达到超限抑制——晕场休克。

(二)作弊心理

作弊有百害而无一利。既欺人,又自欺。不仅妨害良好校风的树立,更重要的是恶化了自己的人格品质,与大学生本应追求和拥有的真、善、美相去甚远。作弊,在高校的考场上颇有市场。每一次考试,总会有人不惜以身试法,并因此而受到处分。而助人作弊者也往往难免株连。大凡作弊者,一般都是以下几种。

一是由于学习动力的缺乏而"混日子"的同学。一入学就等着拿毕业文凭,所以平时学习松怠,考试时不愿费劲,而把希望寄托在作弊上,既不费劲,又可及格。于是视考场纪律于不顾,以身试法。

二是平时学习比较用功,但是自尊心太强,把分数看得高于一切,是一种优势的保证,所以唯恐自己的考分低于他人,一旦遇到不顺利时就不惜铤而走险。

三是偶尔为之。所谓一念之差者,比如怯场,本来准备得很充分,却因为过度紧张而影响了成绩,太不甘心。

总之,无论出于什么心态、何种原因,作弊者的目的是一致的,就是得到自己所期望的分数:起码及格,力争优秀。所以,在这个目标的驱动和侥幸心理的支配下,选择了一种错误的行为方式。

作弊还有另一方面的问题,就是助人为弊,且人数不在少数。每当因作弊者被抓而自己也受到批评和处分时,总是感到很委屈,甚至产生心理障碍。大凡"助人"者,一般都出于以下心态。

一是"侠肝义胆",为朋友两肋插刀。用同学们自己的话说,大家能考上大学本已不容易,走到一起更不容易,总不能见死不救啊!怎么也得帮一把。

二是因为不愿为这点"小事""得罪"人,反正自己没作弊,能帮就帮,否则被称之为不近人情,伤害相互之间的感情。

三是功利思想:礼尚往来。今天你有困难我帮了你,今后我有什么麻烦你就可以帮我了,所谓投桃报李,来而不往非礼也。

无论出于怎样的想法,有一点很关键,助人者都不认为自己是在作弊。虽然也知道这样做不对,但他们认为这只是违反学校的纪律,从"良心"来讲,还是无伤大雅的。其实,作弊无论对人对己都是一种欺骗,所以,这种忙不应该帮。

第三节 大学生良好学习行为的培养

一、培养自信心

大学是人才云集之处,大学生基本上都是中学生中的佼佼者,如今走到一起时,过去的那种"优势"和"优越感"都不那么明显,甚至已不复存在了。从而使有些大学生对自身的智力产生了疑问,甚至失去了学习的信心。对此,大学生一定要有充分的认识,一定要认识到大学中的现实问题,在认识到问题之后学会慢慢适应,通过不断学习新知识、积极参加课外活动等提高自身的能力,从而培养自己的自信心。

二、确立明确的奋斗目标

目标明确性是人的意志特征之一,是指一个人能控制行为,使之服从于自己稳定的人生目标。这一目标能指导人的一切行动,使人有决心、有计划、有能力为实现这一目标而奋斗。也就是说,进入大学学习,要根据大学学习的规律,结合自己的特点,制定出新的目标,进行新的努力。目标的确立要注意使个人目标与社会责任联系在一起,要把近期目标与长远目标结合起来。这样的目标才会有新生命力,由此而产生的动机才会强烈。

三、培养自己的兴趣

兴趣,指的是人对事物的特殊认识倾向,即对某种事物带有主动、稳定的持久的认识指向性。可以说,兴趣是情感的凝聚。一个人如果对一件事有兴趣,就会深入持久地去做,以达到预想的目的。但是兴趣不是天生就有的,而是随着年龄的增长和实践活动的丰富,培养和发展起来的。它是重要的心理动力之一,推动人们的实践和创造活动。例如许许多多的科学家,就是在兴趣的引导下,尽其毕生心血去为人类科学文化的进步而奋斗。

从无趣到志趣的发展是有一个过程的。加之主、客观多种因素的影响,这就对兴趣的培养提出了一个要求:具有坚强的意志品质。只有这样,才能克服种种困难,调动自身的积极性,顺利地完成大学学习。

四、科学运用时间

英国博物学家赫胥黎有一句非常富有哲理的话:"时间最不偏私,给任何人都是 24 小时;时间也最偏私,给任何人都不是 24 小时。"也就是说差异在于你是否能合理和充分地利用时间。

对于时间在学习中的价值谁都明白,特别是对于处于集中学习阶段的大学生而言尤为宝贵。但是,由于一下子从紧张的中学学习进入了宽松的大学学习,一个很明显的感觉——时间特别宽裕,加之目标不明确,于是有些同学总是会"等明天再……",等意识到了,为时已晚。所以,大学生应该科学运用时间,具体来说应做到以下几方面。

(一)要善于安排时间

第一,充分利用有限的时间去多做些工作。
第二,能巧用时间,积少成多。

(二)养成珍惜时间的好习惯

有人说人的一生有三分之二的时间是在睡眠、吃饭和娱乐,真正用于学习和工作的时间只有三分之一。所以,前人才会感叹"一寸光阴一寸金,寸金难买寸光阴"。

(三)丰富充实自己的生活

大学的有形学习只是其生活的一部分,同学们还要善于从无形的学习,即生活实践中去提高自己。充实自己的生活,丰富自己的阅历,才能不枉度大学生活。

六、寻找最佳的学习方法

寻找最佳的学习方法,是保证学习顺利进行并且取得良好效果的一个重要前提条件。特别是对大学生而言,由于大学学习的特点和要求,寻找一个符合自身特点的学习方法,就显得尤为重要。

什么是最佳的学习方法呢?其标准一是符合自己的实际情况,二是能提高学习效益。

大学学习的一个突出特点就是以自学为主,所以,围绕这个问题,大学生寻找最佳学习方式应在以下这些方面给予重视。

(一)阅读

阅读是获取知识的必由之路。当今知识的更新与发展越来越迅速,以个人的有限精力一切从头做起是不可能的。所以,掌握阅读的方法,对于学习特别是学习书本知识——前人已有的经验总结,是十分重要的,尤其是对处在集中学习阶段的大学生而言。正如牛顿所说的:"如果说我看得远,那是因为我站在巨人的肩上。"但是,能阅读不等于会阅读。因为对于认字的人来说,阅读是一种自发的活动,凡是识字的人,都能阅读,但是"大多数人不会阅读"。区别就在于"能"阅读的人,读书的过程只是个并不复杂的过程,把自己的头脑变成了名家名著的复印机和保存室。而"会"阅读的人,会在书中找到有利于自身发展的智慧,以此为基础去发挥自己的潜能,为社会做贡献。

(二)积累文献资料

大学的学习以自学为主,它有一位非常好的帮手——图书馆。作为知识的宝库,也可以说它是一位无声的老师。每一位大学生都应该成为图书馆的朋友和学生。要充分有效地利用图书馆,需要做到以下几点。

1. 提高检索能力

前人云:"凡读书最切要者,目录之学。目录明,方可读书;不明,终是乱读。"

2. 做索引和卡片

把有用的资料按自己的方式做成索引,或是制成卡片,一旦需要的时候,可以及时准确地查找到,提高了学习的效率。

3. 记笔记

俗话说:好记性不如烂笔头。笔记不同于卡片,在于它还随时记录下自己当时的灵感和想法,夹评夹议,是提高阅读水平的重要途径。有人说,"好的读书笔记,就是论文的雏形",此话确有道理。此外,还有很多的手段。无论是什么,关键在于"勤":手勤、脑勤,养成良好的习惯。

七、培养应试能力

(一)养成良好的学习习惯

学习是持之以恒的工作。所谓冰冻三尺,非一日之寒。要达到学习的真正目的,除了靠"歼灭战",更要有打"持久战"的作风。平时注意养成良好的习惯,应试时才能艺高人胆大,不会被打乱阵脚。

(二)正确对待考试

大学生应该以平和的心态来对待考试,要认识到,考试是衡量自己学习水平的一个重要标志,但不是唯一的标志,考试只是学校教育中的一个重要环节,但一次考试的分数并不能完全反映一个人的真实水平,更不能反映一个人的真实能力。所以,大学生一定要正确对待考试,应不为分数所累,轻装上阵,沉着冷静地应试。

(三)提高应试技巧

对于考试,大学生应该做好以下几方面。

1. 做好考前的准备

第一,系统地整理一学期所学的内容,使所学的内容可以形成一个体系,然后再进行复习。

第二,复习的时候要列一个时间表,合理分配每门课程的复习时间。

第三,临考的前一天晚上再进行最后一次强化,以保证考试可以取得好的效果。

2. 合理安排作息时间

第一,作息时间一定要安排好,避免大脑过度疲劳,影响水平的发挥。

第二,临考的前一天一定要有充足的休息时间,保证头脑清醒、精力充沛。

3. 正确应对"怯场"

第一,考试时先做有把握或比较简单的题目,这样可以缓解紧张心情、消除紧张情绪,还可以增强自信心。

第二,如果考试中出现"怯场"的情况,强烈焦虑、紧张、思维混乱或一片空白,手脚发颤,头昏脑涨,此时应立即停止答卷,伏在桌上休息片刻。同时想一件令你高兴的事,转移注意力使大脑兴奋起来,缓和紧张情绪;或反复自我暗示:"我很安静""我很轻松",并适当地舒展身体;或闭眼、放松、做几次深呼吸,使情绪趋于镇定后再答题。

(四)寻求心理咨询指导

这里指的是对过度的考试焦虑和怯场的同学,必要时,应该寻求专业心理咨询人员的帮助,通过有针对性的科学训练和心理调适改变这种状态,顺利完成考试。

八、预防、消除心理疲劳

(一)善于科学用脑

现代科学揭示了大脑两半球的不同功能:大脑的左半球与逻辑思维有关,右半球则与形象思维有关;此外,大脑活动还有一种"优势现象",即当大脑某一功能区的活动占优势时,可使其他功能区的活动相对地处

第六章　掌握学习奥妙

于休息状态。因此,不同学科尤其是文、理科的学习应穿插进行,就可有效地预防学习心理疲劳。

(二)注意劳逸结合

大脑神经活动是兴奋—抑制的交替过程,因此,劳逸结合是预防心理疲劳之道。

第一,在学习了一段时间之后可以休息片刻,通过听听歌等办法让自己轻松一下。

第二,在学习之余,可以去参加一些文体活动,使自己的身心得到放松。

第三,一定要保证有充足的睡眠时间。

第四,培养广泛的兴趣,使自己的生活丰富多彩。

(三)选择良好的学习环境

学习场所整洁、明亮优雅、宁静,避免杂乱、昏暗、吵闹、空气混浊的环境,能使人感到心情舒畅,也有利于提高大脑活动的效率。

第七章 体验美好爱情

大学生恋爱在今天早已不是一个新鲜的话题,走在当今的大学校园,经常可以看到学生情侣相互依偎,如胶似漆的身影。从性心理、性生理的发展角度来看,大学生恋爱是一种无可厚非的正常现象。但是,大学生的心理状态还不完全成熟,情绪不够稳定,社会阅历较少,对爱情的看法也比较单纯,很容易出现心理上的巨大波动。处理不好就会影响大学生活,甚至影响一生。因此,在理解大学生谈恋爱的同时,还必须进行正确引导,使其向着有利于生活、学习,有利于大学生身心健康的方向发展,帮助大学生树立正确的恋爱观,避免恋爱中的不良现象。

第一节 爱情概述

一、爱情的含义

爱情是情爱与性爱的有机组合,它是以男女间相互倾慕为基础、要求身心结合的特殊关系和强烈感情。爱情是人类特有的社会现象,它不仅是延续种族的本能,而且是融合了各种成分的完整体系,是社会性的道德关系、审美关系的体验。爱情是一种很复杂的感情,爱情中包含了情欲和性欲,男女之间相互的性的吸引是爱情的动力和内在的本质,是爱情产生的基础。性爱是爱情的躯壳,情爱是爱情的内容,是爱情的灵魂,光有性爱没有情爱的爱情,只会是畸形的、被扭曲了的爱情。因此,恋爱中表现出性意向是完全正常的。但是爱情更具有社会性,只能在一定的社会道德规范下产生或流露,这就导致了情欲表现的复杂性。一方面,性本能是一种无目的的内在力量;另一方面,青年男女必须按照社会规范行事,因此在情欲表露上往往不是直接的、冲动的,而是理智的、综合的。真正的爱情是不掺杂任何私欲的,如果讲利益的话,只能是把双方的幸福作为共同的利益来维护。

二、爱情的类型

根据心理学家本(Lee,1974)的研究发现,现代青年男女的爱情关系有以下几种类型(表7-1)。

表7-1 爱情的类型

爱情的类型	具体阐述
游戏式爱情	在大学校园里,很多大学生看到身边的同学纷纷出双入对,生怕自己被别人看不起,于是迫不及待地找一个对象,试图用这种方式证明自己的"魅力"和"价值"。也有人用恋爱的方式来摆脱寂寞和烦恼,频繁更换恋爱对象,并加以炫耀。
浪漫式爱情	受到某些文学作品、影视作品的影响,将爱情过分理想化,在寻找另一半的时候过分强调颜值、身材等外在条件。
占有式爱情	对所钟爱的对象给予极其强烈的关注和感情,并希望对方以同样的方式回应,好像偌大的世界只有他们两个人,除了对方,其他一切都不值得追求,显得暗淡无光。
伴侣式爱情	在日积月累的相处中,两人的感情由友情逐渐升级成爱情,温存多于热情,信任多于嫉妒,是一种细水长流型的、平淡而深厚的爱情。激情过后的婚姻,多半都是如此。
奉献式爱情	信奉爱情是付出而不是索取的原则,甘愿为所爱之人牺牲一切,不求回报,甚至用主动失去自我来体现对对方的爱。
现实式爱情	将爱情视为对彼此现实需求的满足,不追求理想的爱情,因而会更多地考虑对方的现实条件。

三、爱情的心理本质

爱情的心理本质是情,是性爱之情、亲爱之情、忠诚之情、浪漫之情。爱情是人类多种情感之一。与其他情感相比,爱情的突出特征是忠诚性、激情性、浪漫性(图 7-1)。

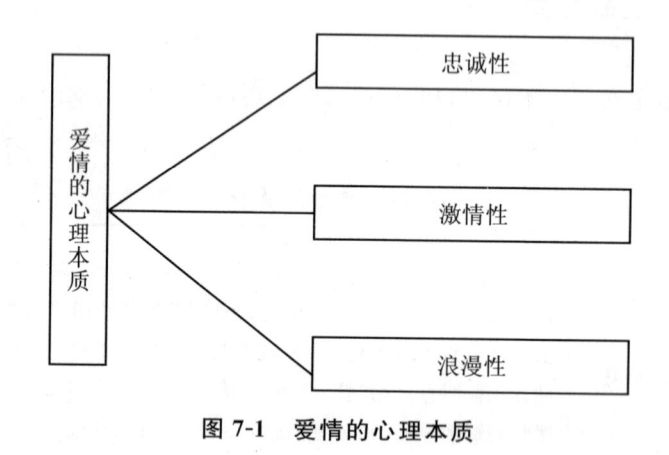

图 7-1 爱情的心理本质

(一)忠诚性

忠诚是爱情的首要属性。爱情的忠诚性包括以下两方面的内容。

第一,爱的忠诚性要求双方无论是在感情方面,还是在性方面,都要忠诚于对方。

第二,爱情的忠诚是发自内心的,即双方之所以会恋爱是因为真诚地喜欢对方,而不是迫于某种压力或者被金钱所吸引而选择与对方在一起。

(二)激情性

激情是兴奋的、冲动的,是年轻人恋爱的重要特点,然而这一特点也并不是青年人所独有的,一些身陷恋爱情感中的中年人或者老年人也具有激情,只不过这种激情与青年人相比较为短暂。表面来看,激情是与理智相对的,而实际上,激情的背后仍然会存在理智,正如任何一种情感都带有理性的成分一样。也许正是因为激情性的存在,才产生了爱情的浪漫性。

(三)浪漫性

浪漫性是指爱情活动的形式具有情绪化、艺术化的特点。几乎所有恋人的恋爱都带有浪漫性的特点,就连刑场婚礼也有"血色浪漫"的意味。芸芸众生,相恋时的猜疑、试探、撒娇、使气也无非是变了形的浪漫。

四、健康爱情的特征

概括来说,健康爱情具有以下几个显著特征(表7-2)。

表7-2 健康爱情的特征

健康爱情的特征	具体阐述
自主性	男女之间爱情关系的成立必须完全出于当事人的自愿,而不能是出自其他外来因素和势力的干预。
平等互爱性	爱情要以当事人双方的互爱为前提,必须两厢情愿,男女双方必须处于平等的地位。一方强制另一方的结合不是爱情;任何单相思也不是爱情;双方不平等也不是真正的爱情。
无私奉献性	在爱情关系中,即使是最自私的人也会表现出奉献性,愿意为对方的快乐牺牲和奉献自己的一切。因此,我们常常通过是否发自内心来为爱人做其期待的事情这个指标来衡量爱情的存在和强度。
亲密性	恋爱双方强烈的心理依恋必然导致亲密,希望两人心心相印,不分你我。这种心理上的亲密,也导致身体上的亲密,但它总是以具有浪漫色彩的深情的凝视、紧紧的拥抱、轻轻的亲吻、甜甜的牵手为表征的。
热烈持久性	爱情的热烈性一方面表现在爱的激情上,为一种强烈要求结合的冲动,全身心投入、互相融合;还表现在它的动力上,在爱情的推动下,人的潜能可发挥到极致,意志可达到巅峰。此外,爱情的持久性还表现在同生共死的强烈愿望之上。

五、大学生恋爱的心理特点

大学生恋爱也具有显著的特点,如表 7-3 所示。

表 7-3　大学生恋爱的特点

大学生恋爱的特点	具体阐述
恋爱低龄化	一是低年龄化,二是低年级化。大学中恋爱比例增大,年龄偏低是一个趋势。与以前大多数大学生在高年级或者毕业班才谈恋爱不同,现在不少大学生从入学之初便开始谈恋爱,甚至军训的绿色制服还未脱下,已经成双结对地出现在校园里。甚至有很多大学生认为,如果在大学里没有谈过一次恋爱,那就不算是一个合格的大学生。
恋爱高速化	当前大学生恋爱的发展速度显著加快。以往的学生从相识到相恋,通常需要经历一段漫长的岁月。而现在大学生从相识到热恋进展迅速,有的只需要不到一个月或者一周甚至一两天的时间。同时,随着恋爱频率的加快,恋爱周期也缩短,恋爱的成功率也较低。
恋爱开放化	随着对外开放程度的加深、范围的扩大,大学生的恋爱观也变得更加开放起来。大学生恋爱的公开化程度普遍提高。现在相当多的大学生谈恋爱时不会考虑国情和文化的不同,不在乎别人的目光和议论,一些大学生在大庭广众之下做出一些亲密举动。有的大学生在恋爱问题上追求西化,有的与多个异性同时恋爱,有的受西方"性解放"的影响,对婚前性行为无所谓,把中国传统文化及伦理道德观念置之脑后。

第七章　体验美好爱情

续表

大学生恋爱的特点	具体阐述
恋爱功能化	以往大学生谈恋爱多以结婚为最终归宿,而现在大部分大学生谈恋爱并非为了结婚,恋爱动机和目的多种多样。有些大学生恋爱追求"不求天长地久,但求曾经拥有",这是一种轻率的表现。大多数大学生都特别强调恋爱时彼此心动的感觉,享受恋爱的过程,不大注重恋爱的最后结果。有些大学生在与异性交往时,注重情感上的刺激快乐,对恋爱能否成功无所谓,更有甚者,错误地把恋爱和婚姻割裂开来。很多大学生认为谈恋爱的目的只是一种感情体验,及时行乐,借此寻求刺激,以满足感情需求,而婚姻则是另一回事。还有一些大学生为了消除寂寞,填补空虚,打发课余时间,把恋爱当作一种消遣。这种行为的本质是只强调享受爱的权利,而否认承担爱的责任。

六、大学生恋爱的类型

大学生恋爱的类型如图 7-2 所示。

(一)被动等待型

有不少大学生认为在大学里就应该谈一场恋爱,所以,当他们遇到了心仪的对象时,往往是"该出手时就出手",通过自己的方法取得爱情。但并不是所有的大学生都如此,也有的大学生在小心翼翼地守着自己的一方小天地,等待着属于自己的爱情的降临,这种类型的大学生就属于被动等待型。那么,为什么同属于一个时代的大学生会具有不同的恋爱心理呢?其原因主要包括以下几方面。

```
                            ┌──────────────┐
                            │  被动等待型   │
                            └──────────────┘

                            ┌──────────────┐
  大学生恋爱的类型           │  主动出击型   │
                            └──────────────┘

                            ┌──────────────┐
                            │  盲目从众型   │
                            └──────────────┘

                            ┌──────────────┐
                            │  身不由己型   │
                            └──────────────┘
```

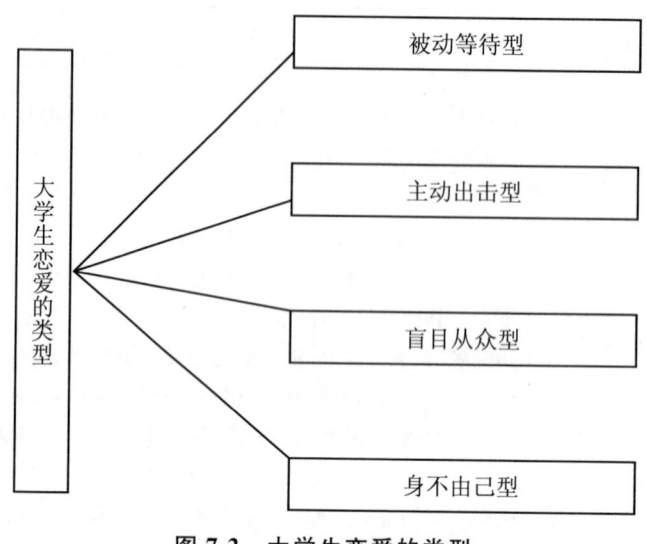

图 7-2　大学生恋爱的类型

1. 对待爱情的羞涩和矜持心理

这种情况多发生在大学校园里低年级的女生中，通常情况下，她们的父母从小对其管教甚严，且家庭教育受到中国传统文化思想的影响颇深，对子女要求严格。就父母本身来说，他们希望自己的孩子在今后的人生道路上，做到自尊、自爱、自强和自立，接受较高的教育，有一份不错的工作，有独立的人生和性格。而为了达到这样的目的，在求学过程中，孩子就不能够这么早便接触"感情"这个字眼，所以，他们在孩子成长过程中对有关"爱情"的话题采用回避、丑化的方式。父母的用心确实良苦，但他们培养孩子自尊、自爱的手段过于极端，子女在"听话"的同时将与异性的正常接触划分到了"不正常"范围内。也正因她们过分的自尊和自爱，使其太在乎别人的想法。然而在青春发育期中，因为处在对感情尚是懵懵懂懂的阶段，难免会对异性产生似有似无莫名其妙的倾慕与好感。父母在思想上对其的管束会令她们产生羞耻感，认为主动喜欢上一个异性是一种不道德的行为，所以每当产生这样的想法时，便会从自己潜意识的道德标准出发，打消自己的念头，生怕父母知道了会对自己失望，更怕被同学和老师了解后会用异样的眼光看自己。正因为如此，即使在跨入高等学府的门槛之后，大学中男女生交往已是十分平常的事情,她们依然放不下心灵的包袱,不敢正视自己心中的恋情。就算心中有了真爱,却因为要保持自己的矜持,也因为自己的羞涩,更在意一旦自己主动提出遭人拒绝,所以尽量克制自己的感情,不敢向对方表达,等待爱情之花在面前盛开。这就很有可能令她们错过一段本应属于自己的爱情。

2."此山还望那山高"心理

具有这种心理的学生在接触异性,选择恋爱对象时,就仿佛是在山坡上吃草的羊,发现另一个山坡上的草看上去似乎更肥沃,便丢下眼前的草,不顾一切去吃那边的草,久而久之,无论脚下的草如何好,都会凭空等待另一片更好的草地出现。这种心理的根源,在于追求爱情的大学生没有真正理解爱情的含义,这就导致他们对待恋爱的心理和行为的不成熟性。大学生正处于多梦时节,谁都期盼能找到自己的"骑士"或"公主",找到符合自己理想的十全十美者,幻想着世界的某一处一定有一个能让自己倾慕的人,并且相信自己可以等待着与这个爱神的化身于茫茫人海中不期而遇,编制出一段非常罗曼蒂克的佳话。可是,并不是所有的爱情都可能有玫瑰花和水晶鞋,那只是存在于童话故事中的美好愿望。真正的爱情是以整个身心去集中爱其所爱,彼此深深相爱容不得他人介入;真正的爱情是贯穿人的一生的高尚精神活动,是包含着对对方强烈的责任心和义务感,能够为了对方奉献出自己的一切,在爱情中获得全新的自我与人格;真正的爱情是"既非环境所能改变,亦非时间所能磨灭",是"蒲草韧如丝,磐石无转移",又怎么可能是比较的结果或是童话故事那么简单呢?

(二)主动出击型

在大学校园中,经常会发现女生宿舍楼下,常有手持鲜花痴痴等候的男生。据说,对于此类在恋爱中"主动出击"的男生来说,鲜花(尤其是红玫瑰)、心形巧克力和亲手折叠的千纸鹤乃是追求佳人的"三大法宝"。"主动出击者"定会发扬屡战屡败屡败屡战、百战不殆的精神,挖空心思甚至发动身边可以帮忙的兄弟一起加入到行列中来出谋划策。与此同时,女大学生也在渐渐掌握起恋爱的主动权,这一点曾经令一些思想保守者叹为观止。毕竟,中国社会在接受了几千年的儒家文化传统教育之后,好的节操观念对于人们依然有着挥不去的影响。然而,有很多女性认为,现在男女平等,人人都有追求自己的幸福的权利,所以,就在别人还只是将"爱情"这个字眼遮遮掩掩的时候,她们已经迈开了勇敢的第一步,向中意的男生大胆地发起进攻。她们认为,爱情本来就没有什么对错,又何必在乎别人是如何想,如何看待自己,重要的是把握住眼前的机会,不要让它从自己的掌心里滑过,成为多年之后的遗憾。虽然她们可能会失败,会因被拒绝而痛苦,但她们不会后悔,起码曾经为自己的爱情而争取过。处于青春发育成熟期的大学生,往往会向往美好热烈的爱情,在此过程中,无论男生或女生哪一方为主动出击者,都必须在坠入爱河的同时,保持住十二分的理智与清醒,宽容与大度。如果本来是好友,因为对方的拒绝而视同陌路人,连朋友都不能做,岂不是非常可惜的事,更不能因此作出"宁为玉碎,不为瓦全"的冲动行为,对人对己都没有益处。

(三)盲目从众型

大学因其宽松的校园环境,自由自在的学习氛围,因而成为结识更多异性朋友,获得异性正常友谊的安全地带,与此同时也成为爱情的培植园。在偌大的一个培植园中,充满青春活力的少男少女不经意地就让爱情的种子自然而然地孕育萌芽,遍地开花。眼看着昔日的好友纷纷"重色轻友",弃自己而去,与恋人花前月下,卿卿我我,原本形单影只的学生不禁顾影自怜,于是顾盼流连,希望有个称心如意的才子或佳人来到自己身边,久而久之,便会产生"不管适合不适合,先像别人那样有个恋人再说"的念头。这部分大学生并不明白应该怎么样去恋爱,也不明白爱的真正含义,非常盲目地建立了恋爱关系,最后留给自己的只是一段酸酸涩涩的成长历程。

爱情需要自己判断是不是真的爱对方,而不是"因为别人有了爱,我也应该拥有";爱情需要付出自己的真诚与关怀,就像用左手去呵护右手一样体贴,才会得来同样的回报,而不是只希望索取,不愿意奉献,只有这样,才会有一个成熟的好心态去面对爱自己和自己所爱的人。

第七章 体验美好爱情

另外,不成熟的、盲目的爱情心态还表现在贪图虚荣的恋爱类型中。有些同学在恋爱择偶中相互攀比,过分追求对方的容貌、身材、家庭背景和经济状况等,以满足自己的虚荣心理。甚至明明知道自己不爱对方,但为了虚荣心而去恋爱。在大学里还有这样的一种情况,一个较为出色的男生或女生被几个异性同时追求,这时个别同学不顾自己是否爱他(她),也加入追求者的行列,以击败对手获得对方的青睐为荣。恋爱的基础应该是真实的爱情,由于虚荣而进行的恋爱显然地基不稳。对爱情的正确理解无疑是将爱化作行动的前提和基础。

(四)身不由己型

部分大学生在恋爱中认为,自己是身不由己地陷入其中,并非出于本意。很多时候往往表面看来,心如止水,风平浪静,其实窥其内心深处,微澜渐起,甚至会引起轩然大波,原因是万变的外界因素引起了主观的变化。

每个大学生都有可能产生痛苦。这时人的感情是相当脆弱的,此时,不论是同性还是异性的同学朋友都会伸出援手,给予最大限度的安慰、温暖和帮助。一旦有人,特别是异性能给予精神上的鼓励,必然如抓住了救命稻草,感情完全依赖于对方,拼命挣扎的同时却常常会把同情甚至怜悯误当作爱情,希望与爱自己的人快乐地生活。大学生作为一个心理尚不完全成熟的群体,其心理年龄甚至小于实际年龄,所以在发生意外,产生痛苦的时候特别容易失去理智,感情用事。也有人在看过较多的小说后被男女主人公的故事,特别是女主人公在痛苦时男主人公给予爱情的情节所影响,在自己经受打击后,自然而然地将小说的情节照样搬到自己身上,认为对方和自己彼此相爱了。其实,这只能算是一场误会。可以说,不清醒的理智,失去常态的心理,在人最痛苦的状态下而激起感情的冲动,其恋爱很难说是在追求真正的爱情,在很大程度上,只是企求得到爱的抚慰,爱只是痛苦的缓解剂而已。这样的爱情,结果大多是带来更大的痛苦。

第二节 大学生常见的恋爱心理问题

一、大学生恋爱中常见的心理效应

(一)自卑心理

自卑感过强的大学生在恋爱时,常常怀疑自己的能力,害怕遭到对方拒绝而伤害自尊,所以无法敞开心灵的大门。如果恋爱受挫,自卑感过强的学生就会自我封闭,不再试图开始下一场恋爱。从实质上讲,大学生恋爱中的自卑心理是一种性格上的缺陷,大多是因为个人的成长经历、生活环境、自我认识偏差等,造成个体主观上不能正确地认识自己、评价自己和接纳自己这样一种消极的情绪体验。例如,有的大学生认为自己的长相、智力不如他人,会被人嘲笑贬低;有的大学生认为自己的家庭出身、社会地位、经济条件比不上别人,总被人看不起;有的大学生觉得自己的学业成绩、交际能力、个人才艺等方面总是比不上别人,再怎么努力也是枉然。

(二)光晕心理

光晕心理,即人们通常所说的"情人眼里出西施",又称为光环效应或成见效应,指人际交往中形成的一种夸大的社会印象。在恋爱中有这种心理的大学生会看不到对方的缺点,一味美化对方,甚至把对方的缺点当优点。光晕心理实质上是一种极不理智的心理。

(三)逆反心理

在心理学中,逆反心理又称为罗密欧与朱丽叶效应,指因客观情况与个人主观需求不相符而产生强烈的抵触情绪,并引发一种负向要求和行为的心理活动倾向。在恋爱时,如果大学生的做法遭到了父母长辈的一致反对,那么大学生出于逆反心理,可能会更加希望和恋爱对象在一起,这就是逆反心理在恋爱中的表现。

二、大学生恋爱中常见的心理困扰

(一)好感与爱情

大学生在开始恋爱时,对好感与爱情两个概念经常分不清楚。好感能够给自己带来快乐、愉悦、兴奋的感受。但好感并不就是爱情,它们之间有着一定的区别和联系。

第一,有好感通常是发展爱情的前提和基础。许多人的爱情就是在有好感的基础上逐步发展起来的。

第二,好感具有广泛性的特点,一个人同时可以对几个人产生好感。而爱情具有独有性,一个人一般只会在一个时间爱上一个人。

第三,好感可能只需要了解对方一个或者几个让自己感到快乐的特点就可以产生。爱情却是整体的、概括一切的。"你说不上她哪一点美,只觉得整体都是美的。一种韵致浸透活跃的生命,明朗、流畅,却充满使人驻足回首的神秘",这段话描绘的就是爱情。

第四,从持续时间来说,好感属于情绪性的反应,时间持续一般比较短。而爱情则是在长时间的相互了解中发展起来的一种稳定的、持久的情感。

(二)寂寞与爱情

有些大学生考入大学后,失去了明确的学习目标,学习缺乏动力,感到大学生活枯燥乏味,精神空虚,大学生活远没有想象中的那般丰富多彩,每天除了上课之外,同班同学在一起的机会很少,同学间的交流比起高中时更是少得可怜。由于寂寞而谈恋爱,在大学生中是较为常见的现象。

爱情,成了名副其实的避风港,成了严寒的冬日可以取暖的火堆,成了寂寞者的精神寄托。但是,当寂寞者适应了生活,不再寂寞时,用来填补寂寞缺口的爱情又将怎么办?寂寞的爱情,最终只能是滴落在手上的胭脂红,无法成为心头的朱砂痣。

（三）虚荣与爱情

有的大学生看到周围的伙伴一个个都找到了自己的恋人,觉得自己如果没有恋人的话,形影相吊不说,更主要的是觉得自己太丢人了:为什么大家都有人爱,就自己不招人喜欢呢? 出于这种考虑,他们发誓要找到恋人。

（四）友谊与爱情

同学、同事、朋友之间在相互了解和依恋的基础上形成的一种亲密、平等、真挚、友好的情谊关系就是友谊。对性、美感、依附等三种因素的满足所产生的一种情绪体验则为爱情,它是基于人性的三种基本属性:生物属性、精神属性和社会属性而产生的。

无论是同性之间还是异性之间,如为友谊,不管两人之间的关系发展到怎样亲密的程度,彼此之间也不会产生拥有对方身体的愿望。但有趣的是,异性间的友谊又常常是爱情的基础。在现实生活中,经常有这样的情况:一个处在恋爱甚至婚姻中的人,却同时拥有一个异性知己,而且与这位异性知己是无话不谈,他们了解彼此的程度甚至超过了对恋人的了解程度。友谊与爱情并不相互排斥,当爱情发展到一定阶段后,在爱情中培养友谊是一个重要且奇妙的内容。

三、大学生恋爱中常见的心理挫折

不是所有的恋人都是幸福的,不是每个渴望爱情的人都能拥有美满幸福的爱情。大学生恋爱中的心理挫折主要有以下几种。

（一）单相思

单相思是指以一方对另一方一厢情愿的倾慕与热爱为特点的畸形爱情。单相思者常会有关注、亲物和幻想三种心理倾向。

第一,关注。单相思者对所恋对象强烈地倾慕,长时间地、细致地对其进行观察。

第二,亲物。单相思者对相思对象的物品进行抚摸把玩,对其住处流连忘返,表现出变态性亲近。

第三,幻想。单相思者常呈白日梦状态,经常地、反复地想象能与对象公开相爱的情景。

单相思又可以分为有感单相思和无感单相思两种。

1. 有感单相思

有感单相思是一种对方知道你在恋他(她),但是,他(她)并不恋你的单相思。

2. 无感单相思

无感单相思是一种一方深深地恋着对方,而对方并不知晓的单相思。无感单相思多属于幻想的单相思,相思者认为相思对象是遥不可及、神圣不可侵犯的,怀有畏惧之心。

(二)失恋

青年男女内心都憧憬着曼妙的爱情,希望自己的爱情如梦似幻、令人陶醉。但是,并不是所有的恋爱都一帆风顺,有恋爱就有失恋,这是个辩证的自然法则。

失恋是指恋爱受挫失败。恋爱失败是正常的事情。失恋引起的主要情绪反应是痛苦和烦恼,失恋者的心态一般表现为以下几种特征。

第一,心境恶劣。

第二,行为反常。

第三,精神错乱。

第四,报复。

第五,自杀。

(三)爱情错觉

爱情错觉,是指在异性间正常的交往中,一方错误地把另一方的平常行为,理解为对自己有爱意,从而错误地认为爱情已经到来的一种感受。这里应当指出的是,爱情错觉与单相思是不同的两个概念,它不是单相思的一种表现形式。单相思是指一方有意、另一方已明确表示无意,或者一方有意、另一方并不知晓的两种情况,表白无效或不敢表白是单相思者的痛苦来源。而爱情错觉并不存在不敢表白与表白无效的情况,错把"无爱"当"有爱"是他们痛苦的根源,或者说他们的爱情痛苦源于误会。大学生可以依据爱情的排他性、冲动性、隐曲性几个特点,来证明是否是自己产生了爱情错觉。

第一,冲动性,对你的试探性的言语、行为表情,他(她)的反应是不在乎或反感,没有脸红、紧张等激动表情。

第二,排他性,如果你同其他异性亲密往来,他(她)无任何不满和嫉妒。

第三,隐曲性,他(她)总是大大方方对你表示关怀、帮助,与你谈话总是落落大方,从不给你暗示的眼神和动作,对你们两人的交往,从不躲闪回避;而你约他(她)单独外出看戏、看电影他(她)却不同意。

凡是出现以上情况,很有可能说明你对他(她)的爱是出于错觉。

(四)一见钟情

一见钟情是指短时间内突然发生的爱情,一见钟情的人往往彼此强烈地吸引,除了对对方的仪表、谈吐等外在特征欣赏外,还会伴有一定的生理体验与感受,如心怦怦乱跳、兴奋不已、不能自控、渴望得到对方。需要说明的是,一见钟情的浪漫爱情大多是来自性本能的驱使,激情燃尽后便意味着爱情的死亡。所以,要想爱情持久,必须要保持清醒的头脑,在对对方有深刻的了解之后再投入感情。

(五)三角恋

有的学生在寻求爱情的过程中,落入三角恋的畸形恋爱中,如果发生三角恋,三人之间将无法把精力投入到对对方的了解和感情加深上,而过多地纠缠于感情冲突中。此时的恋爱,很大程度上失去了正常恋爱特征,而更多的是矛盾、痛苦、纠葛等,令当事人烦恼不堪,也会给以后的恋爱生活留下阴影。恋爱失败的一方,由于嫉妒,则可能心灰意冷或焦躁不安,失去对生活和爱情的信心。三角恋中,最后的结局必然有人退出,因此三角恋只会导致不愉快和悲剧的发生,对恋爱的三方有害无益。

(六)网恋

网恋是指在网络空间里,异性之间形成和发展的一定程度的情感依恋关系。随着互联网的发展,网恋成为当代大学生的新型情感交往方式。很多大学生认为,网恋是满足情感需要的一种方式。由于网恋是虚拟的,让自己感到轻松。超过一半的学生会在"失落""无聊"等情绪状态下发生网恋。但对于网恋,学校应对学生进行合理的引导。

四、大学生恋爱中常见的心理困惑

(一)我可以恋爱吗

1. 我长大了吗(生理基础)

衡量我们是否长大重要的身体指标除了身高、体形外,就是生殖系统的发育及内分泌的变化。男孩在13—14岁,身体猛然增高,同时,睾丸开始产生精子,通常在夜间睡眠时精子得到第一次释放,这标志着男孩在生理上已经接近一个成熟的男性了。多数女孩子大约在12—13岁体验人生的第一次初潮,伴随着一丝恐惧和惊喜就从一个女孩子变成了一个少女。

2. 我够成熟吗(心理特点)

真正的爱情是具有成熟性的,是在个体身心都发展到相对成熟的阶段时产生的情感体验。很多人具有相对成熟的身体,但在心理上依然是一个小孩子。大学生可以看看自己是否具有以下缺点,如果有,则表明自己不够成熟。

第一,缺乏自主性。表现在什么都想自己做主,在行动上也不像以前那么亲近自己的父母,似乎已经成熟、独立了,但在诸如学业、工作、生涯规划,甚至很多生活小事上又缺乏自主性和自我控制,表现出对父母和老师高度的依赖感。

第二,没有自我认同感。大学生突然要自己应付生活中的重要问题了,这种跨越造成的混乱使很多人感到烦恼甚至痛苦。很多大学生对个人价值和重要问题不能独立做出决定,不能理解自己是怎样的人,不能接受并欣赏自己,出现角色混乱。

第三,自我中心和缺少责任感。爱情是具有利他性的,而现在的年轻人大部分都是独生子女,从小在父母的呵护下长大,到了大学以后,仍然不能摆脱自我中心的思维方式,凡事只考虑自己的得与失,不能发自内心地帮助所爱的人做其期待的事情;面对困难和挫折,也更多选择逃避和推脱这些没有责任感的处理方式。

3. 我用什么来恋爱(客观条件)

大学校园里的爱情是最单纯、最浪漫、最轰轰烈烈的,但大学生在经济上还没有完全独立,还需要父母的支持。在恋爱过程中,尤其是男生在追求恋爱对象的时候,盲目地与同学攀比,认为爱情都是建立在物质基础之上的,因此请客、旅游成了恋爱的常规节目,从而增加了不少的经济支出和心理压力。另外,大学生正处在增长知识和掌握本领的最关键时期,学习、社会实践等都需要时间,那谈恋爱的时间又从哪里来呢?

(二)我为什么恋爱

在如今的大学校园里,大学生恋爱已成了普遍现象。但如果问他们为什么恋爱,大学生们的回答大致有以下几种。

1. 我和他(她)一见倾心

许多大学生在大学校园里,碰到自己的梦中情人时都会情不自禁地陷入情网。看到他(她)就心跳加速、面色发红,甚至手脚都不知道该往哪里放,每天都忍不住想念他(她),于是,一段美丽的爱情故事开始了。

2. 孤独寂寞时,有个人来陪

许多大学生远离家乡、父母、朋友,孤身一人来到异地他乡,又不能很快地适应学习生活,孤独感随之而来,加上如果不会合理安排和规划大学生活的话,很多时间就会无事可做,生活无聊单调。处于青年时期的大学生们的敏感、冲动、孤傲等特点使他们跟别的同学关系复杂,难以亲近相处,但他们又渴望被关注,渴望情感的交流。于是很多大学生就通过谈恋爱来排解自己的寂寞。

第七章 体验美好爱情

3. 从众心理

有的学生甚至觉得不谈恋爱就不正常,因为只有很少的书呆子或者没有出息的人才一个人过。也有的学生认为没有男女朋友是因为自己没有魅力,为了证明自己,很多大学生就选择了谈恋爱。

4. 满足好奇心

大学生正处于喜欢探索自我世界的阶段,加上受到很多电视剧、言情小说中爱情故事的影响,对于没有恋爱经历的他们来说,爱情具有很强的吸引力。

5. 积累恋爱经验

不少大学生把恋爱当成大学里的必修课之一,认为在大学里谈恋爱可以为以后的恋爱积累经验,觉得如果大学阶段不谈朋友太亏待自己。

6. 为个人发展寻求资源

一些大学生把恋爱作为达到自己某种目的的途径,精于为自己的利益打算,刻意与那些家庭经济状况较好、社会地位较高的人谈恋爱。谁能为自己找个好的工作就跟谁谈,谁能为自己吃喝玩乐提供方便就主动找谁谈,不再把感情作为爱情的基础。

(三)爱与性的困惑

根据亲密程度的不同,大学生的婚前性行为一般分为拥抱、接吻、抚摸和性交。当代大学生对婚前性行为的态度越来越宽容。有的学生认为发生婚前性行为是很自然的事,他们认为婚前性行为对以后的婚姻是有益的,因为可以增进感情,积累经验;也有的人是为了金钱而发生婚前性行为,甚至觉得这是一种权利,别人无权干涉。社会上,对于婚前性行为的观点呈现多元化的趋势。但是大学生们需要注意的是,过早地发生性行为,会沉迷于两人世界,也可能会影响学业。一旦性伴侣或恋人离开自己时,如果不能控制好欲望,还可能会导致违法犯罪;并且由于婚前性行为会导致怀孕,极易对女生造成严重的心理和生理上的压力和伤害。因此,大学生应尽量控制自己的欲望和好奇心,专心将精力放在提高自己的学业水平和综合素质上,不要轻易尝试爱的禁果,将它留给自己真正爱和真正要生活一辈子的人。

(四)性别差异

国外有研究表明,男女两性在心理需求、思维方式、沟通方式、处理压力的方式等方面存在着明显的差异,所以不能够要求恋爱中的男女双方在每一个问题上想法都一样。这就需要我们存有一份爱心去体谅和沟通,从而接受对方、欣赏对方、赞美对方。只有这样,才能使感情更进一步,获得更长久的幸福。

第三节 大学生健康恋爱心理的培养

一、培养高尚的恋爱观

(一)摆正爱情与学业的关系

大学时期是大学生人格全面发展的重要时期,也是夯实专业基础的时期。学习是学生的首要任务,应当把主要精力放在学习上。如果大学生在恋爱中只知道沉湎于现时情爱之中,丧失了追求学业的热情,也就丧失了全面发展自己的大好时机。如果将来无法在社会立足,没有了物质基础,又怎会有幸福的爱情?

(二)履行恋爱过程中的道德义务

男女双方一旦有了恋爱关系,就有责任共同承担这一关系所包含的各种义务。爱是一种给予,它蕴藏着对对方强烈的责任感和义务感,它要求恋爱双方的所作所为都必须向对方负责,这也是恋爱道德最突出的表现,也是一种负责任的表现。

第七章 体验美好爱情

(三)严肃认真、感情专一

要做到爱情严肃认真、感情专一,大学生要明白以下一些道理。

(1)爱情,是异性之间的爱慕关系,这种关系包括自己特有的感情和义务,它只能存在于恋爱双方之间,具有排他性。

(2)恋爱非同儿戏,双方都要真诚相待、实事求是地对待自己和对方。双方一旦建立了稳定的恋爱关系,就不可随意见异思迁。

(四)承担责任,相互奉献

爱,不仅是一种权利,更是一种责任和义务。爱的权利和义务是密不可分的。只强调爱的权利,不承担爱的责任和义务,就陷入了非理性主义的泥潭,必须予以否定。只强调爱的义务,无视爱的权利,那是对人性的奴役,同样应予以否定。大学生必须以高度负责的态度对待恋爱。在恋爱中大学生应该懂得,爱情是一种责任和奉献。爱情的无私,表现在给予而不是索取。美满的爱情生活来自不计回报的奉献和宽广博大的胸襟。大学生踏上爱的旅途后,如果没有强烈的责任感和奉献精神,是不会走上爱的康庄大道的。

(五)真诚、理解、信任

在恋爱过程中,大学生应该彼此多一些理解、信任、宽容,彼此尊重,携手共进。只有互爱达到统一才会有爱情的出现。相爱的双方都有着自己独立的人格和精神世界,彼此既不能完全依附对方,也不能要求完全占有控制对方。在爱情生活中,理解、信任、诚实、付出和宽容都是十分可贵的品质,彼此要相知、相敬、相让。大学生恋人应该互相理解和信任,扬起爱的风帆,把自己的爱之舟划向幸福的彼岸。

(六)理智高尚地处理激情

爱情中如果没有激情是不完美的。但是,没有理智控制的激情是会酿出苦酒的。如果大学生整天爱得天昏地暗,把爱情当作生活的全部,对学业、事业不闻不问,终究有一天,爱情会从手中溜走。在校大学生正处于性生理和性心理发展的高涨时期,在热恋中容易激情泛滥,缺乏理智。为了对彼此负责,在热恋中尤其要有冷静而清醒的头脑。

二、培养爱的能力

爱的能力是指和他人建立亲密关系的能力,它对人的一生发展有着重要的意义。恋爱过程也是培养爱的能力的过程。爱需要能力,大学生应培养爱的能力,爱的能力包括多层面的内容。

(一)识别爱的能力

在爱情当中,人们常常以为是因为爱才和对方走在一起,但其实可能掺杂了许多其他心理因素与物质因素。也许是为了虚荣,或为了满足征服的欲望;也许有现实的利益,或因为性。识别自己内心世界的情感,其实也需要勇气。

(二)表达爱的能力

表达爱需要勇气,需要信心;表达爱需要选用恰当的方式和语言;表达爱是在表明爱一个人也是幸福,即使可能得不到回报;表达爱也就意味着要承担责任。

(三)接受爱的能力

当别人抛出爱的绣球时,并不是所有的人都有勇气接受。有的同学会对自己做出过低的评价,觉得自己不配;有的同学因为怕受伤害而不敢去拥有。总之,能否有勇气接受爱情,很重要的一点是是否有自信。

(四)拒绝爱的能力

大学生要具有敢于拒绝不是自己所希望的爱情的能力,如果在大学中有人向自己表白,而自己又不喜欢对方,那么就要勇敢地说"不",如果优柔寡断,那么于人于己都是非常不利的。

(五)解决爱的冲突的能力

两个人在相处的过程中不可避免地会因为意见不和等原因而出现冲突,面对这一情况,大学生一定要具有解决爱的冲突的能力。在恋爱中如果遇到了冲突,一定要冷静下来进行沟通,只有有效沟通才是解决问题的方法,一味地怒吼和谩骂只能互相伤害。

(六)保持爱情长久的能力

这种能力其实需要把对方的快乐当成自己的快乐,把对方的痛苦当成是自己的痛苦,凡事都要为对方着想,从对方的角度出发去思考问题,在遇到问题时要积极主动地去解决,另外,还要时刻学习,提高自己各方面的能力,只有不断学习、不断和对方进行有效的交流,才能使爱情的保质期更长久。

三、拥有正确的恋爱行为

(一)平等相待

在恋爱过程中,双方一定要平等相待,不要拿自己的优点去比对方的不足,也不要想方设法去考验对方,更不要因为对方的某一失误而去挖苦对方,这样做的后果只能是引起对方的不满和反感,对恋爱具有消极的作用。现实生活中的每个人都是有自尊心的,都希望得到别人的尊重,尤其是与自己恋爱的一方,所以,在恋爱过程中一定要学会平等相待。

(二)言谈要高雅

交谈中要真诚坦率,不要为显示自己而装腔作势,矫揉造作,否则会令人生厌,不利于感情的发展。

(三)行为要大方

恋爱中的男女会逐渐从一时的羞涩与紧张走向自然大方的交往,不过这期间尤其要注意行为举止的检点,如果过早有亲昵行为可能会取得不好的效果。

(四)善于用理智控制感情

异性吸引,在动物界和人类社会都是普通的现象,但人类与动物不同,动物异性之间的吸引是一种本能的反应,目的是为了实现交配进而完成种族的繁衍;人类社会的两性吸引除了具有生殖价值外,还有心理、社会和文化的意义。因此,大学生在恋爱过程中要注意用理智控制情感,使爱情沿着健康方向发展。

四、培养承受失恋痛苦的能力

(一)稳定情绪

失恋中体验到的痛苦情绪会使得内心积累很多负性能量,因此需要采用向亲人、好友或心理咨询师倾诉的方式或者写日记、书信等方式宣泄情绪,从而缓解积蓄的心理紧张和心理冲突,以便让自己尽快回归到正常的生活轨道上来。失恋是人生中一个很大的挫折,考验的是人的耐受挫折的能力。大学生应该正确认识失恋:失恋只是一种选择的结果;在失恋中学习,把失恋作为一种人生的财富;失恋给人再恋爱的机会。

(二)学会自我疏导

失恋是一生中最痛苦的心理挫折之一。不管是主动抛弃还是被抛弃,失恋会给双方的情感带来悲伤和心灵刺痛。因此,面对失恋,一定要学会进行自我疏导。

第一,了解分手共同性。一般来说,分手台词都有一定共同性,如"我们性格不合"等。因此,当面对分手时,没有必要对分手原因追根究底,对有些男性在分手后的藕断丝连、犹豫不决要有一定的心理准备。

第二,人生是一个过程,可惜的是不能重来,可喜的是不需要重来。失恋究竟是绊脚石还是垫脚石,都在你的一念之间。因此,分手了就做回美好的自己。

第七章　体验美好爱情

第三,失恋者应认识到你喜欢的异性是一类人,因此没有必要纠缠在一个人身上不放,要拿得起放得下,要明白,恋爱只是人生中的一小部分,而不是全部。

第四,分手后,不要想立马通过爱情转移的方式找到情感替代,而是要花时间好好反思自己的这段感情,争取让自己从中吸取经验和教训,在失恋中得到成长。

(三)掌握合理的调适方法

面对失恋所导致的这些心理特征,承受着失恋打击的人,应采用合理的方法调适自我,从而走出失恋的泥潭。

1. 积极遗忘法

有的失恋者心中明知对方已经不爱自己了,却仍然禁不住怀念对方、眷恋对方,以致苦闷和烦恼。对于这类失恋者来说,应该采取积极遗忘法,即尽快遗忘过去,抹掉对方在自己心中的形象。

2. 合理宣泄法

很多大学生在失恋以后情绪沮丧、悔恨不已,如此长期沉积,必然会导致精神疾病。因此,应采取合理宣泄法,即通过正常的发泄方式,运用发泄、疏导的方法,减轻心头压力。但是,失恋者切不可采取酗酒、赌博、吸毒、打人、杀人等不当的发泄方式,也不能出于卑鄙的报复心理肆意造谣中伤、诬陷诽谤对方。这样,不但无法帮助自己解除失恋痛苦,反而会使自己更加萎靡颓废,甚至走上犯罪的道路。

3. 忙碌忘忧法

失恋,对于任何男女来说都会在他们的灵魂深处烙上深深的痕迹。若失恋后状态非常差,那么不妨试试让自己忙碌起来。要知道,人生的主要内容并不只是爱情,还有比爱情更重要的追求,那就是学习、工作和事业。因此,失恋者不可消沉下去,应该忙碌起来,把心中的忧愁驱赶出去,让积极忙碌的工作冲淡心中的烦恼。

4. 坦然相对法

失恋常常引起深刻的情绪障碍,主要表现为以下几个方面。

(1)自卑感

这类失恋者往往自己瞧不起自己,认为被别人抛弃了,把精神集中于自己的不足之处,根本不去考虑自己的优势和特长。

(2)羞耻感

一旦失恋,便以为不光彩、丢人现眼、低人一等、没脸见人,把失恋当成沉重的负担,牢牢地拴在自己的脖子上,压得自己直不起腰。

(3)依附感

这种人往往缺乏独立自主的性格,失恋时不惜下跪乞求,用痛苦、眼泪和花言巧语去感动对方,唤起对方的同情心,以挽救恋爱的失败。

如果存在以上情绪障碍,失恋者一定要意识到自己出现了问题,要坦然面对,让自己接受失恋的事实,告诉自己失恋不是什么可耻的事情,虽然这段恋爱失败了,以后可能会有更好的人在等着自己。

第八章 直面心理危机

随着社会的发展,人们的生活压力越来越大,心理压力随之增强,而心理压力所诱发的心理危机事件也屡见不鲜。当心理危机发生的主体聚焦于高校大学生时发现,该群体在遭遇学业、人际、就业、经济等压力下所出现的自杀事件呈现出逐年上升的趋势,这给社会、学校和家庭带来巨大的悲痛和损失。大学阶段是青年学生人生发展的关键期,如果个体在该时期出现的心理危机处理不当,则可能对其毕生发展造成巨大的负面影响,因此,一定要使大学生的心理危机阶段得到及时、有效、专业的心理援助,促进大学生心理的健康成长。

第一节 心理危机概述

一、危机概述

(一)危机的概念

在《辞海》中,危机的解释为三个含义:一是潜伏的祸机;二是指生死成败的紧要关头;三是指经济危机。危机意味着平衡的稳定被破坏。简单地讲,危机是一种具有威胁性的情境或事件,是一种主观的反映,也是躯体的唤醒,包含以下四层意思。

1. 危机是一种主观反映

这是人所处的紧急状态或情境,是一种改变或破坏平衡状态的现象,也可以视为系统的失衡状态。这一种理解是从心理学的角度而言,它强调个体对事件评估的重要性,认为危机就是人们的一种主观反映,如果不把某事件解释成危机性的,就不存在危机。例如,同样是乘坐拥挤的公交车去干一件令人厌烦的工作和挤在小汽车后座去度假时,虽然面对的都是拥挤现象,但会产生不同的主观体验,前者产生了烦闷等不愉快的感受,后者产生了期盼等愉快的体验。当人主观感受到危机时,就会表现出精神紧张或内心冲突。无论是个体利用否认或回避的消极防御机制,还是采用积极方法与危机应对,都要消耗大量的时间和精力。研究表明,如果某种冲突长时间持续,会耗尽个体的精力,使个体产生心理疲劳,以至于影响个体的心理健康,还可能损害个体的生理机能,导致各种疾病的发生。

2. 危机指外部压力

这里所说的危机是人类个体或群体无法利用现有资源和惯常应对机制加以处理的事件和遭遇,如地震、水灾、空难、疾病暴发、恐怖袭击战争等。危机存在于外部事件中,人只有在被施加外在压力时,才会产生危机反应。例如,学生产生危机是因为他有可能要参加一场重要的考试,或者与父母、老师发生了矛盾;教师产生危机是因为既要保证自己在专业领域内有所成就,又要保证课堂教学质量等。这些危机都是由外在压力引起的。

3. 危机是躯体唤醒

当外界压力或伤害侵入人体时,人体会产生血压升高、胸腺收缩、肾上腺扩张及胃肠溃疡等生理反应,并且不同刺激或伤害下的生理反应有相同的症状。危机的躯体唤醒分为三个阶段(表8-1)。

第八章　直面心理危机

表8-1　危机躯体唤醒的阶段

危机躯体唤醒的阶段	具体阐述
警戒反应阶段	当威胁或压力第一次出现时,在很短的一段时间内,人体会产生一种低于正常水平的抗拒,这种短时的抗拒会引起人体的胃肠失调、血压升高,接着人体会迅速采取各种防御措施并进行保护性的自我调节。如果防御性反应有效,抗拒就会消退,人体的生理活动也将恢复正常。这个过程所发生的反应就是警戒反应。大多数短期的危机都会在这个阶段解决,故而又称为急性危机反应。
抗拒阶段	如果警戒反应不能排除上面的威胁或压力而仍然使危机持续,那么人体就会动员全身的能量和资源去反抗它们。随着能量和资源的逐渐消耗,反抗的力量会逐渐减少,同时严重的身体症状,如溃疡等也会随之产生。这种动员全身能量和资源去反抗危机的过程就是抗拒。
衰竭阶段	如果威胁或压力非常严重,人体无法消除它们,那么衰竭阶段就会出现。在这一阶段,神经内分泌系统的分泌能力减弱,免疫系统功能降低,人体容易感染各种疾病,严重者还可能会死亡。

4. 危机是一个过程

危机是一个过程,它包括危机源、危机评价和危机反应三个方面。

(1)危机源

危机源是指个体产生危机反应的压力、威胁或伤害等外部事件。它从性质上分为两种。

①良性危机源

良性危机源起到激发动机的作用。如大学校园里的辩论比赛等有益的活动,对学生而言有压力,但同时也是一种挑战,只要学生重视,发挥其主观能动性,就能超常发挥,当其取得成功时就是一种积极的动力,当没有成功时对自我的发展也是一大飞跃。

②不良性的危机源

它包括三类。

第一是急性危机,如突发的自然灾害、突患重病或事故等。

第二是生活事件压力,如学习成绩下降、人际关系紧张、考试前没有复习好等。

第三是长期性慢性的危机,如学习超负荷或家庭亲情关系没处理好等。

(2)危机评价

危机评价是指对外部的压力、威胁、伤害等进行评估。它是危机源与危机反应之间的中间环节,起调节的作用,其评价结果会影响危机反应的倾向。危机评价与两个因素有关。

第一,个体本身的心理特征,由于具有不同的人格特征、自尊水平、归因和应对策略倾向,不同的人会对相同的危机源产生不同的评价。

第二,压力事件的物理特征、可预测性及个体对它的了解程度,如事件的强度,可预测到的伤害及个体关于事件的知识。

(3)危机反应

危机反应包括生理反应、情绪反应和行为反应三个方面。生理反应是指人遇到压力时身体上出现的反应;情绪反应指遇到压力时产生的焦虑、紧张、精神挣扎、恐惧等;生理反应指遇到压力时的胸部腺收缩、肾上腺扩张等;行为反应指的是对压力事件采取的应付行动,如逃避、积极面对、自责等。

(二)危机的特征

危机具有显著的特征,概括来说主要包括以下几方面(图8-1)。

1. 紧急性

时间紧迫,出乎人们的预期。个体在遭遇重大问题或变化后使之感到难以解决、难以把握,如果不能得到很快控制和及时缓解,危机就会导致人们在认知、情感和行为上出现无所适从甚至思维和行为的紊乱。

2. 意外性、不确定性

第一,危机由组织内外环境因素造成,不能明确肯定环境的各种变化。

第八章　直面心理危机

```
              ┌─────────────┐
          ┌──│   紧急性      │
          │   └─────────────┘
          │
          │   ┌─────────────────┐
┌──────┐ ├──│ 意外性、不确定性 │
│ 危机 │ │   └─────────────────┘
│ 的   │─┤
│ 特征 │ │   ┌─────────────┐
└──────┘ ├──│  无预警性    │
          │   └─────────────┘
          │
          │   ┌─────────────┐
          └──│   危害性     │
              └─────────────┘
```

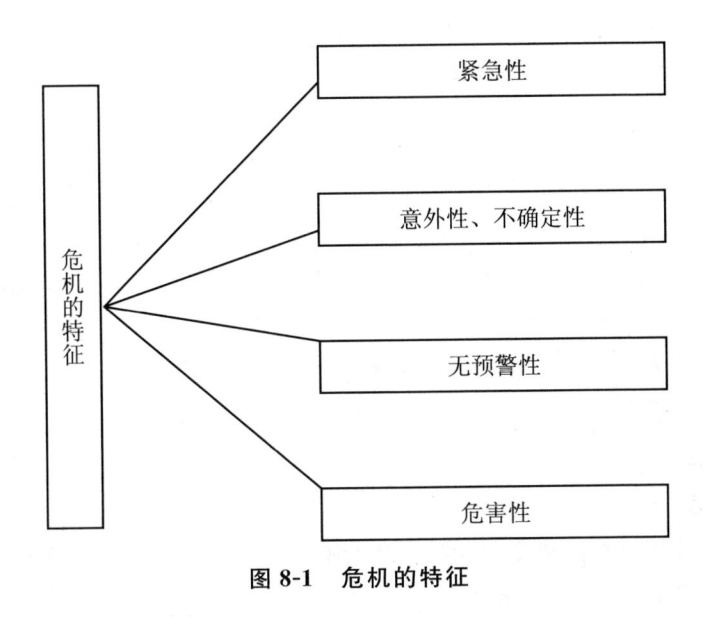

图 8-1　危机的特征

第二，危机发生的原因和危机行为的变化是多样化的，故而对危机的到来不确定。

3. 无预警性

危机预告是通过评估预警信息，发出危机警报，防患于未然。但危机的无预警性就是根据以前掌握的很少的信息不了解威胁到底来自什么地方，以什么方式出现？它无法以例行程序处理，其结果可能导致最终情况的恶化或好转。

4. 危害性

意外性为危机的起因性特征，紧急性、预警性是危机的实践性特征，危害性是危机的结果性特征。

二、心理危机的概念

心理危机是个体在同社会环境及自然关系不断取得协调和平衡的过程中由于内外有害因素引起的自己意识到或意识不到的主观困惑状态或心理异常现象。

三、大学生心理危机

（一）大学生心理危机的概念

大学生心理危机主要是指大学生群体在高校学习与生活中遭遇重大负性事件时，由于自我控制、自我调节等能力有限而产生的心理与行为严重失衡状态，其影响强度、范围以及持续时间均受到个体与环境等主客观因素影响。

（二）大学生心理危机的类型

根据大学生心理危机诱发原因与心理危机所产生结果的差异，将心理危机进行如下分类（表8-2）。

表8-2　大学生心理危机的类型

分类标准	具体分类	具体阐述
根据诱发原因差异而进行的心理危机分类	因角色冲突而诱发的心理危机	包括新旧角色交替危机与多重角色冲突危机两种亚类型。新旧角色交替危机是指由于进入人生的不同阶段，个体内角色需要发生转换时产生的不适应。多重角色冲突危机是指同一阶段内需要扮演不同角色时所产生的冲突。
	因违反大学生行为准则引发的心理危机	虽然违反行为准则本身可能不会对大学生造成心理危机，但如果这种违反行为被公开或者扩大化，那么就会导致大学生因此而受到惩罚，就有可能导致大学生出现心理危机。
	因情境变迁所引发的心理危机	大学生在成长的过程中，受各种因素的影响，不可避免地会出现各种情境的变迁，当情境变迁是在大学生所能承受的范围之内，那么就不会对大学生造成严重影响，反之，大学生就会因此而出现心理危机。

第八章　直面心理危机

续表

分类标准	具体分类	具体阐述
根据诱发原因差异而进行的心理危机分类	因价值危机而引发的心理危机	主要是指大学生对社会责任、个人生活价值等抽象问题的思考与反思而引发的心理危机。当社会中部分阴暗面与现实生活的残酷性与大学生所认为的理想状态产生落差时，大学生极易陷入某种焦虑与不安，进而引发心理危机。
根据所产生结果的差异而进行的心理危机分类	焦虑情绪的心理危机	学习问题、就业问题、人际冲突、环境适应以及性格上的缺陷等原因会引发大学生的焦虑情绪。当焦虑情绪进行积累而达到质变的程度时，个体的焦虑危机就产生了。
	哀伤情绪的心理危机	大学生群体中会出现因亲友亡故等意外事件而陷入悲痛欲绝的情绪状态。比如，面对父母亲人的离世，大学生可能会因为没有尽到孝心而自责，而朋友的亡故也可能让他们体验到丧失感和自责感。当悲伤情绪到达一定程度就可能产生心理危机。
	失恋的心理危机	个体在大学阶段建立亲密关系的需要较为强烈，但亲密关系的处理方式的技巧性与成熟性相对较低，因此，该时期的恋爱问题常常发生并成为大学生的心理困扰。个体在恋情出现情感危机或失恋后不能恰当及时地处理情感情绪，就容易使一些学生陷入失恋危机。

续表

分类标准	具体分类	具体阐述
根据所产生结果的差异而进行的心理危机分类	自杀危机	自杀是指主体自愿或试图采取各种手段以结束自己生命的行为。据调查,近年来大学生自杀死亡的人数呈上升趋势。对于大学生自杀者来说,以下征兆显示自杀的可能性。 第一,学习兴趣的丧失。 第二,曾谈起有自杀史的人。 第三,个人卫生的恶化。 第四,问话时表现出精神迟滞。 第五,回答问题和动作缓慢并表露厌世情绪。 第六,抑郁过后,突然表现出亢奋状态等。

(三)大学生心理危机的触发因素

大学生在上大学前主要的目标和任务是高考取得优异成绩,在生活中面临自然、生活的重大困难或重大创伤事件的概率相对较低。而进入大学后,大学生的学习目标、生活状态与以往相比发生了重大改变。大学生心理危机一般是在高校的学习和生活过程中发生,主要是由遇到无法进行自我控制与调节的重大个人事件所引起。研究发现某一事件能否在大学生心中成为心理危机,有三个关键点。

第一,当事人的评价,主要是针对事件发生的意义以及事件对自己未来影响的评价。

第二,是否有为当事人提供帮助的社会支持系统。

第三,当事人是否获得有效的应对机制,即当事人是否有从过去经验中学习到有效处理问题的方法,如倾诉、哭泣、愤怒等。

在心理危机发生阶段,大学生出现情绪与行为的严重失衡状态,而家庭变故、同学或朋友出现重大事故、个人的严重心理障碍、精神病性障碍等均可成为诱发因素。如果从心理危机干预技术层面来看,精神病性障碍无法用心理危机干预技术短时间内解决危机问题,也不属于心理咨询与治疗的范畴,但高校的心理危机干预更多从发展性心理危机干预层

第八章　直面心理危机

面操作,无论从病理特征还是从高校工作层面都应列入大学生心理危机干预的范畴。

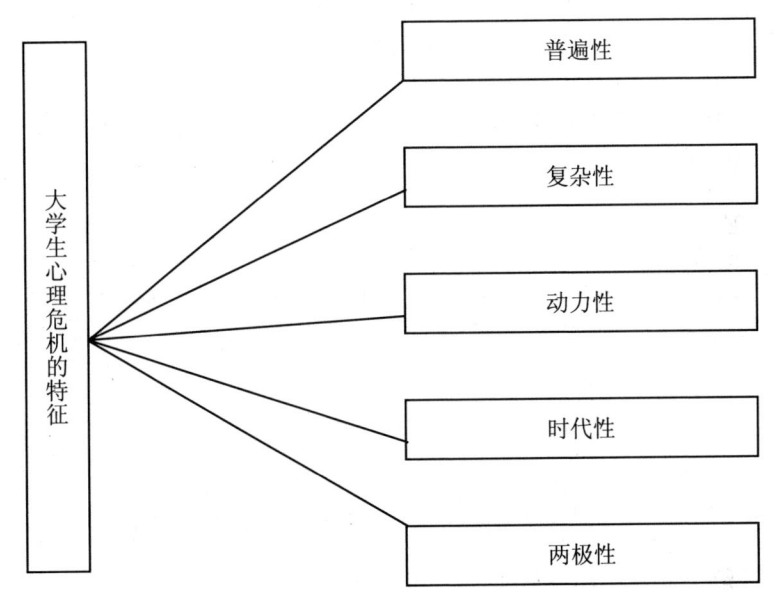

(四)大学生心理危机的特征

大学生心理危机的特征如图 8-2 所示。

图 8-2　大学生心理危机的特征

1. 普遍性

任何人都会在不同的时间出现心理危机,这是不可避免的,所以说,心理危机具有普遍性的特征。大学生如果出现了心理危机,一定要沉着冷静,用正确的方法去解决。

2. 复杂性

出现心理危机的原因是复杂的,它是生活环境、家庭原因、社会原因等各种因素综合的结果,所以大学生在遇到心理危机时,总会有一种无法控制的感觉。

3. 动力性

大学生在遇到心理危机时，如果处理得当，就会从中得到经验，这些经验对于大学生的成长具有重要的作用，所以说，心理危机也具有动力性的特点。

4. 时代性

当代大学生中出现的很多心理危机都是当今的这个时代和社会对大学生所提出的要求和期望，也是个人对理想等的追求，所以说，大学生的心理危机具有时代性的特点。

5. 两极性

危机是一把"双刃剑"，危险与机遇并存。如果大学生能够正确地处理好自己所面临的心理危机，那么这种危机在化解之后，大学生从中可以学到很多知识，积累许多经验，对其成长具有重要意义。反之，如果大学生不能正确对待心理危机，使心理危机一直朝不利的方向发展，最终会导致人际关系问题和学习问题的产生。最严重的是，有些危机还会使学生产生自杀的想法。所以说，大学生心理危机具有两极性的特点。

第二节 大学生常见的心理危机

一、心理反应

（一）慢性疾病时的心理反应

在出现慢性疾病时的心理反应主要有以下几种。

1. 抑郁

多数心情抑郁沮丧，尤其是性格内向的当事人容易产生这类心理反

第八章 直面心理危机

应。可产生悲观厌世的想法,甚至出现自杀观念或行为。

2. 性格改变

如他们对躯体方面的微小变化颇为敏感,常提出过高的照顾要求,总是责怪别人、责怪老师同学未精心照顾,埋怨家庭未尽心照料等,故意挑剔,常因小事勃然大怒,因此导致师生关系及家庭内人际关系紧张或恶化。

(二)急性疾病时的心理反应

1. 焦虑

当事人感到紧张、忧虑、不安,严重者感到大祸临头,伴发眩晕、心悸、多汗、震颤、恶心和大小便频繁等植物神经症状,并可有交感神经系统亢进的体征,如血压升高、心率加快、面色潮红或发白、多汗、皮肤发冷、面部及其他部位肌肉紧张等。

2. 恐惧

当事人对自身疾病,轻者感到担心和疑虑,重者惊恐不安。

3. 抑郁

因心理压力可导致情绪低落、悲观绝望,对外界事物不感兴趣,言语减少,不愿与人交往,不思饮食,严重者出现自杀观念或行为。

二、悲伤反应

亲人如果是猝死或是意外死亡,如突然死于交通事故或自然灾害,引起的悲伤反应最重。与死者关系越密切的人,产生的悲伤反应也就越严重。

(一)急性反应

在听到噩耗后极度痛苦,甚至出现情感麻木和昏厥等现象,也有的出现呼吸困难等感觉,他们经常是痛不欲生、呼天抢地地哭叫,或处于极度的激动状态。干预原则为将昏厥者立即置于平卧位,如血压持续偏低,应静脉补液。情感麻木或严重激动不安者,应进行干预,使其进入睡眠。当居丧者醒后,应表示同情,营造支持性气氛,让居丧者采取符合逻辑的步骤,逐步减轻悲伤。

(二)伤心反应

在居丧期出现焦虑、抑郁或自己认为对待死者生前关心不够而感到自责或有罪,脑子里常浮现死者的形象或出现幻觉,难以坚持日常活动,甚至不能料理日常生活,常伴有疲乏、失眠、食欲降低和其他胃肠道症状。严重抑郁者可产生自杀企图或行为。干预原则为让居丧者充分表达自己的情感,给予支持性心理治疗。对有自杀企图者应有专人监护。

(三)病理性居丧反应

悲伤或抑郁情绪持续 6 个月以上,明显的激动或迟钝性抑郁,自杀企图持续存在,存在幻觉、妄想、情感淡漠、惊恐发作或活动过多而无悲伤情感,行为草率或不负责任等。干预原则为适当的心理治疗和抗精神病药、抗抑郁药、抗焦虑药等治疗。

三、经济损失

近年来,随着社会的不断发展,互联网深入校园,大学生通过网络可以进行借贷等,以此满足自己经济上的支出,但由此带来的后果是,很多大学生陷入了网贷的痛苦之中,因为大学生尚在校园学习,没有经济来源,所以对于网贷,很多大学生无法及时还上,由此给他们带来了很大麻烦。遇到这些经济损失时,很多大学生感到非常后悔和痛苦,他们后悔自己网贷,感到万念俱灰,甚至有自杀的想法。对于这种大学生,进行干预的原则是与其进行充分交流,分析其自杀并不能挽救已经发生的经济损失,只有通过再次努力才能重建生活。如果通过语言交流不能使病人放弃自杀企图,应派专人监护,防止当事人采取自杀行动。渡过危机期后,当事人可能逐渐恢复信心,可能在一段较长的时间内出现情绪低落、失眠、食欲降低或其他消化道症状,可给予支持性心理治疗和抗抑郁药治疗。

四、恋爱破裂

失恋可引起严重的痛苦和愤懑情绪,有的人可能采取自杀行动,或者把爱变成恨,采取攻击行为,攻击恋爱对象或所谓的第三者。干预原则为与当事人充分交谈,指出恋爱和感情不能勉强,也不值得殉情,而且肯定还有机会找到自己心爱的人。同样,对拟采取攻击行为的当事人,应防止其攻击行为。指出这种行为的犯罪性质以及可能带来的严重后果。一般来说,给予适当的帮助和劝告可使当事人顺利渡过危机期,危机期过后相当长一段时间内,当事人可能认为世界上的女人(或男人)都不可信,但这不会严重影响其生活,而且随着时间的推移会逐渐淡化。

五、考试失败

对个人具有重要意义的考试失败可引起痛苦的情感体验,通常表现为退缩、不愿与人接触,严重者也可能采取自杀行动。干预原则为对自杀企图者采取措施予以防止。大学校园比较容易发生这类情况,青年大学生可塑性大,心理危机过后大多能重新振作起来。

六、自杀

自杀是一种复杂的社会现象,不是突然发生的,它有一个发展的过程(图8-3)。

对于不同年龄、不同个性、不同情境下的人,自杀过程有长有短。实施自杀行为个体多伴随情绪问题和认知偏差,对于有自杀倾向的人一定要进行及时干预,要先从心理上进行开导,使其认识到自杀的危害性,对于有明显抑郁情绪者可给予抗抑郁药物进行对症治疗。

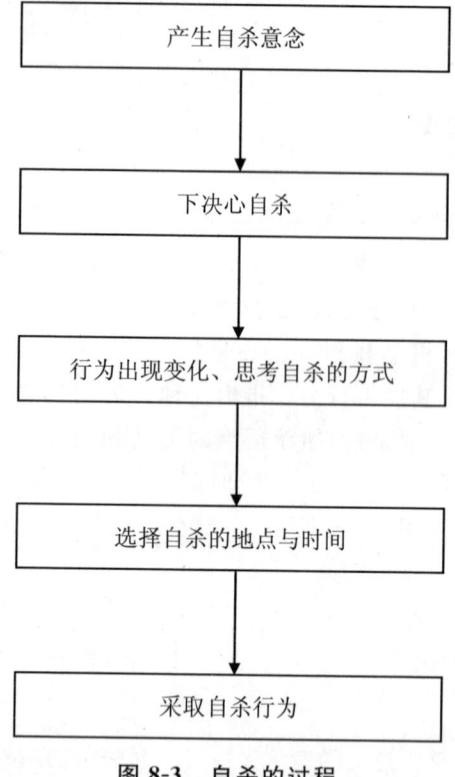

```
┌──────────────────────┐
│      产生自杀意念      │
└──────────────────────┘
           ↓
┌──────────────────────┐
│       下决心自杀       │
└──────────────────────┘
           ↓
┌──────────────────────┐
│ 行为出现变化、思考自杀的方式 │
└──────────────────────┘
           ↓
┌──────────────────────┐
│    选择自杀的地点与时间   │
└──────────────────────┘
           ↓
┌──────────────────────┐
│      采取自杀行为      │
└──────────────────────┘
```

图 8-3　自杀的过程

第三节　大学生心理危机的干预

当个体进入大学阶段后对世界探索的需要变得更加强烈，求知的主动性以及行动力均显著提升，但无论从生活阅历的丰富性，还是从身心发展特点的成熟性来看，个体在大学阶段均没有足够的"实力"来应对在探索过程中所出现的打击与挫折。由此可见，相对其他年龄群体，大学生群体陷入心理危机的概率较高，这也是强烈要求对大学生进行心理危机干预的现实需要。

第八章　直面心理危机

一、心理危机干预的概念

对于心理危机干预起源有两种说法。第一种说法认为心理危机干预起源于军队精神病学临床领域。第一次世界大战时期,由于战争导致大量新兵出现情绪不稳等心理问题,这也促使心理学家开始关注心理危机干预的研究。第二种说法认为危机干预是在波士顿椰子园夜总会火灾幸存者的对照研究中发展起来的,该火灾导致492人的死亡,其场面惨烈。林德曼(Lindeman,1944)发现心理干预能够让火灾当事人感受痛苦、发泄情感和正视现实,接受过心理危机干预者比未接受干预者缓解快、预后效果较好。而危机干预理论则是在火灾幸存者处理过程中形成的,并为后来重大灾难中的心理社会服务提供理论依据。

西方早期的社会工作者和专业人员均认为危机干预是指以促进成长与发展为目的,对暴露在创伤性事件与正常生活压力源的人进行心理评估,并做好预防,最终减轻及改善创伤性事件与生活压力源对个体的影响。

近年来我国关于心理危机干预的研究逐渐开展并取得较大程度的发展,而我国较为正式的首例危机干预是在1994年,北大精神卫生所专家对新疆克拉玛依市火灾伤亡者家属进行了两个月的心理危机干预工作,并取得了较好的效果。此后,我国学者逐渐对心理危机干预进行深入研究,并对危机干预有了更深层次及多样化的定义。其中季建林(1994)认为,从心理学的角度来看,心理危机是指调动个体在危机中的自我潜能来重新建立或恢复危机爆发前的心理平衡状态的心理咨询和治疗技术。而段鑫星(2006)认为危机干预是随时对经历个人危机,处于困境或遭受挫折和将要发生危机(自杀)的人提供支持和帮助,进而促使其心理恢复平衡,并达到危机产生前行为水平的短期治疗过程。[1]

综上所述,国内外学者对危机干预概念的界定主要归纳为两类。

第一类是从危机干预的技术层面阐释,认为危机干预是一个短期的帮助过程,主要借用简单心理治疗的手段,帮助当事人处理当前面临的问题,恢复心理平衡,安全度过危机,但并不涉及后期人格的矫治。

---

[1] 罗品超,王瑞明. 大学生心理危机干预理论与技术[M]. 广州:广东高等教育出版社,2019.

第二类是从危机干预工作层面对危机干预的概念进行扩展,并提出后干预的概念,涉及支持系统的构建、人格矫治、挖掘潜能等。

二、以正确的人生态度应对心理危机

(一)人生态度

人生态度,就是指人们在一定社会环境下,根据自我生活的体验,对人生及人生问题所形成的比较稳定的心理倾向。

1. 人生态度的规定性

人生态度有以下几个规定性。

(1)人生态度是一种行为中反映出来的较为稳定的心理倾向

人生态度是一种行为中反映出来的较为稳定的心理倾向,它包含两层意思。

第一,人生态度是一种心理倾向,是在人的行为中反映出来的心理倾向性。人生态度不是行为,但它决定和影响着人生行为,人生行为又反映和体现了人生态度。一般说来,有什么样的人生态度,就会产生什么样的人生行为,有什么样的人生行为也就反映和体现出一个人有什么样的人生态度。人生态度不能直接看到,是从人们的言论、行动中间接反映出来的。

第二,人生态度是人们行为中较持久、稳定的心理倾向,也就是说,它是一种在较长时间内、在多次活动中表现出来的普遍性、一致性、共同性心理倾向,不只是在某一次活动中反映出来的心理倾向,它具有相对的稳定性、持久性,一经形成便能持续较长时间而不轻易改变。

(2)人生态度是客观社会环境和主观生活体验共同作用下形成的

人总是生活在一定的社会环境中,人们的人生态度总是要受到社会环境的影响和制约,是社会环境的产物。在不同的社会环境下,人们会形成不同的人生态度。这些社会环境主要包括人们所处政治地位、经济条件、人际交往、社会文化、教育等。一般来说,良好的社会环境会产生积极的人生态度,不良的社会环境则产生消极的人生态度。人生态度的形成不仅受社会环境的制约,还受个体生活体验的巨大影响。因为人生

第八章　直面心理危机

态度是在对客观环境和自我反映的基础上形成的一种稳定的心理倾向,是人的认识、情感、意向的统一。所以,生活体验是形成人生态度的内在决定因素。即便在相同的社会环境下,由于每个人的世界观、人生观、理想、信念、知识水平、生活阅历等差异,其生活体验也会不同,由此形成的人生态度也会各异。而且人的生活体验也是不断变化的,随着生活体验的改变,人的人生态度也会改变。在通常情况下,有什么样的生活体验,就会形成什么样的人生态度。

(3)人生态度是人们对人生及人生问题、人生矛盾所持的基本态度

人在一生中总会遇到许许多多的人生问题,如需要、信仰、追求、学习、工作、家庭、友谊、爱情等,也会遇到纷繁复杂的人生矛盾,如生死、苦乐、祸福、荣辱、善恶、美丑、真假、顺境逆境等,面对这些人生问题与矛盾,要求人们作出回答与抉择,在回答和选择这些人生问题与人生矛盾中,反映出来的基本心理倾向与行为倾向,就是人生态度。人生态度还与世界观紧密相关。一个人的人生态度往往影响到对整个世界的看法,形成不同的世界观,人生态度对世界观的形成具有重要作用。同时,世界观对人生态度又具有积极的指导作用,它影响和制约着人生态度的形成。

2. 人生态度的基本类型

(1)积极有为、有益于社会的人生态度

这是一种正确的、进取的人生态度。它的基本特征是肯定人的主观能动性把个人利益的发展和社会利益的发展有机结合起来,并凭着高度社会责任感参与社会生活,乐观向上,积极有为,有利于社会进步,推动了社会发展。具体表现为以下几方面。

第一,热爱生活,珍惜人生,总是用美好心境去感受生活和人生,对未来始终充满希望和憧憬,面对困境也能乐观向上,从不悲观绝望。

第二,充分发挥人的主观能动作用,积极进取,努力拼搏,执着追求远大目标和理想,信念坚定,意志顽强。

第三,有强烈的社会责任感和使命感,对自己、对他人、对社会高度负责,能把个人利益和他人、社会利益有机结合起来,为社会的进步和发展做出有益贡献。

第四,能勇敢地面对困难、挫折和逆境,能客观、理智地正视它、对待它,不逃避,不悲观,不消沉,不绝望,而是勇敢地去战胜它、克服它。

积极有为、有益于社会的人生态度能使人充满信心和希望,乐观地面对困难、挫折和逆境,勇敢地迎接命运的挑战,执着、顽强地追求自己的远大目标和理想,为人类社会的进步和发展做出创造和贡献。

(2)消极无为、无益于社会的人生态度

这是一种错误而且十分有害的人生态度,它的基本特征是否定人的积极能动作用,以个人为中心,仅仅关心个人的前途、愿望和境遇,常以悲观、消沉、享乐、玩世不恭的态度对待生活和人生,无益于人类社会的进步和发展。具体表现为以下几方面。

第一,悲观厌世、意志消沉。

第二,消极无为、不思进取。

第三,贪图享乐、追求实惠。

第四,玩世不恭、不负责任。

第五,否定一切、生活冷漠。

第六,听天由命、任凭命运摆布。

消极无为、无益于社会的错误人生态度有两个致命的危害。

第一,腐蚀人们的思想和心灵,使人意志消沉,悲观绝望,没有进取和奋斗精神,妨碍远大目标和理想的追求。

第二,使人陷入狭隘的自私自利中,把个人和他人、社会对立起来,为达目的往往不择手段,损害了他人和社会的利益,把人引向罪恶的深渊。

当代大学生要度过自己有意义的人生,创造自己的人生价值,就必须自觉抵制和摒弃消极无为、无益于社会的错误的人生态度,培养和树立起积极有为、为社会做出有益贡献的正确的人生态度。

(二)应对心理危机的正确人生态度

正确应对心理危机,对一个人的成长成才和事业的成功具有非常重要的意义。

1. 要勇于正视心理危机

这是排除心理危机、走出逆境的心理和思想前提。对一个人来说,心理危机是不可避免的,不能选择的,当遭遇心理危机、身处逆境时,既不能怨天尤人、悲观绝望,也不能消极逃避、自欺欺人,而是以乐观向上

第八章　直面心理危机

的态度勇敢地面对它，正视它，并积极地创造条件，寻找转机去战胜它、克服它。

2. 要冷静地、客观地分析产生心理危机的原因

这是排除心理危机、走出逆境的基础。心理危机是怎样产生的？是由什么原因或主要是由什么原因引起的？是目标追求过高或者目标定位不准？是自身刻苦拼搏、执着努力不够？是客观条件不具备或自然界、社会生活中的偶然事件？或这几个方面都存在？对心理危机产生的原因要进行冷静、客观、全面的分析。

3. 要积极地寻求恰当的方式方法战胜自我

这是排除心理危机、走出逆境的关键。心理危机是人的目的和动机得不到满足时的紧张情绪体验，它的形成在一定程度上还与人的个性有关。一般说来，自私、贪婪、嫉妒、自卑、内向的人，容易产生心理危机，挫折感强烈；相反，热心、自信、谦虚、外向的人，产生心理危机的可能性要小得多，心理危机感不强烈。所以，要排除挫折，走出逆境，还必须树立远大志向和崇高理想，超越自我中心主义，克服自私、自卑、自欺、自弃等不良的个性心理倾向，培养优良的个性品质。

4. 要培养健康、科学的人生态度

这是排除心理危机、走出逆境的根本。所谓健康、科学的人生态度，就是指乐观向上、积极有为、有益于社会进步的人生态度。具体说来，要做到以下三点。

(1)做任何事情都要有最坏的心理准备，朝最好的方向努力

这是前人人生经验的总结，更是生活辩证法的要求。因为任何目标追求都内含着目标无法实现的可能性。所以，我们在做任何事或进行任何目标追求时，都不要把它绝对化，应该有目标不能实现的心理准备。当目标真的没能实现时，由于有了事先的心理准备，就能理智地接受和面对，否则，当面对目标没有实现的可能时，由于事先没有心理准备，就会措手不及、惊慌失措，深感失望与失落，产生较大的心理挫折。

(2)要热爱生活

当一个人热爱生活时,就会珍惜生活,用乐观的心境体验生活,他们感受到的是山川的秀美,人间的温暖,生活的美好,人生的幸福。尽管也看到社会生活中的阴暗面,但能用积极的心态去看待它,或者看到这是任何社会都避免不了的,或者看到随着社会的发展它终将被消除。有充分的信心去战胜困难与心理危机,他们在困难和心理危机面前不逃避、不悲观、不消沉、不气馁、不绝望,而是充满信心和希望,勇敢地去战胜心理危机和困难。在古今中外的历史上,像这种热爱生活不屈从于心理危机和逆境,勇敢地战胜心理危机和逆境,为人类做出伟大创造和贡献的例子举不胜举,贝多芬、奥斯特洛夫斯基、张海迪就是这方面的典范。

(3)要锻炼意志力

意志力包括恒心、毅力和自制力,表现为行为的坚持性、忍耐性、顽强性和心理危机承受力,也就是说,一个意志坚强的人为了追求目标、理想和信念,会坚定执着、锲而不舍,即使面对困难和心理危机,也会百折不回,不达目的誓不罢休。

三、积极展开心理调适

大学生心理调适是指大学生利用自身所具有的心理调适机制摆脱痛苦,减轻不安,恢复情绪稳定,战胜心理危机,最终达到心理平衡,达到自我三个世界完整统一的适应性倾向。它可以分为心理调节机制和心理防御机制两种。

(一)心理调节机制

心理调节机制是指自我对遇到的心理危机,采取理性的方法,分析研究心理危机的原因,战胜心理危机,以实现自我统一,实现目标取向的心理适应过程。

1. 心理调节机制的特点

心理调节机制具有以下特点。

第一,任何一个与自我"目标取向"相抵的刺激,都一定唤起自我的调节机制。

第八章 直面心理危机

第二,心理调节机制是个体自我有意识、有目的、有理性地对引起心理危机的刺激采取的积极措施。

第三,心理调节机制是自我正视心理危机事实,力图改变心理危机性质、强度、时间长短的主动出击。

第四,心理调节机制的目标,是使心理危机引起的焦虑、心理不平衡、自我不统一的现象得到解决。

第五,心理调节机制的最高目标是化挫折为动力,愈挫愈奋,为目标取向的顺利完成注入新的活力。

2. 心理调节机制的种类

(1)策略调节

策略调节是指自我面对心理危机时,变换自我应对方式,以减轻、排除心理危机对目标取向造成的阻碍。

(2)结构调节

结构调节是指大学生自主调节自己,以使心理危机引起的不良状态得以整合。它主要包括以下几种方式。

①增加真实我内涵

真实我是大学生结构中的核心,是最能体现一个人风格,影响一个人水平的东西,也是大学生调节心理状况、达到最佳状态的基础性东西,是一个人心理危机忍耐水平的最主要影响部分,真实我包含有影响大学生心理危机的最主要因素:生理因素、心理因素,增加真实我的内涵,就是提高这两个因素对心理危机的抗负水平。

②调节理想我层次

自我同样可以利用调节理想我层次的方式调节。理想我是自我的目标体系,它给人以前进的引力,促进个人的人格力量同向而达到合力最大的状态,但理想我过低或过高,都会使其合力受阻。过低了,形不成合力,没有目标,实际上是自我的一种最大挫折,因为此时他不知自己的力往什么地方使,使自我目标取向变得很发散而徘徊不前,使其实现成为不可能。理想我过高了,超过了现实我人格力量合力所及的范围,使现实我走向理想我成为不可能,会对自尊造成打击,从而形成挫折。大学生个体必须从自己的实际出发,建立一个力所能及的理想我世界。

(二)心理防御机制

心理防御机制是人们本能所具有的一种回避、曲解挫折以达到摆脱痛苦,减轻不安,恢复情绪稳定,达到心理平衡的适应性倾向。心理防御机制具有以下特点。

第一,它一般在心理调节机制克服挫折失败的情况下,自发地发挥作用。

第二,这种机制以间接满足自己目标取向的方式保护自我遇到挫折时可能遇到的伤害。

第三,这种机制并不改变挫折本身,只是以回避、曲解现实、自我欺骗等方式改变自我对挫折的理解与思考。

第四,大多数防御机制只能暂时地减轻痛苦和焦虑,并未使挫折真正解决,有时反而使挫折情景、挫折源复杂而陷入更大挫折。

第五,防御机制主要是无意的、非理性的对付挫折的方式。

四、积极开展心理干预

挫折干预是指外界作用于个体,以使个体适应挫折,克服挫折,减少挫折负面影响的过程。

(一)大学生挫折影响的双重性

1. 挫折的正面影响

(1)促进个体进步

挫折可给人以教益和磨炼,使人变得聪明、坚强、成熟。

(2)提高挫折调节力和挫折容忍力

挫折调节力是指个体对挫折进行直接的调整、转变、改善的能力,挫折容忍力是指个体对挫折的忍耐力,二者都是挫折的适应能力,经历挫折越多的人,挫折适应能力一般也就越强。

2. 挫折的负面影响

挫折除引起消极反应如攻击、固执、逆反、冷漠、焦虑等心理行为外,

第八章　直面心理危机

有时还会诱发心理不健康、自杀、他杀等极端的危机心理。

(二)大学生心理危机的干预

1. 加强对大学生的社会化塑造

大学生社会化是指社会对大学生进行的有关参与社会生活的基本知识、技能、本领和行为规范等一切影响和一系列有组织的教育活动过程。它是施化者与受化者之间的互动过程。施化者包括学校、社会、家长、舆论体系等。为使大学生提高对挫折的适应能力,应加强对大学生以下几方面的社会化塑造。

(1)传递社会价值观

现实我与真实我相统一的前提是个体能涵化接受社会整体价值观,即个体的自我价值观与社会价值观二者的冲突较小,自我的挫折感也越小,同向自我的价值观也是影响个体挫折适应能力大小的重要因素。

(2)传递角色规范

现实我的世界实际上也就是自我的角色世界,一个人一生要扮演很多角色,其身上也同时具有很多角色,每一角色表现就是一个现实我,作为某一特定角色,它必须满足三个方面的期望。

第一,满足来自特定角色规范的期望。

第二,满足来自同群体其他人的期望。

第三,满足来自占据一定地位的个人、集体或某一象征的期望。

当个体扮演的角色满足了这三方面的要求,其角色表演就会受到保护。当他遇到挫折时,就会受到以上三方面的支持,个体也会因之减少挫折的负面影响。

(3)提高挫折适应能力

挫折适应能力受很多因素影响,除了个体自身努力外,社会化的施化者也应予以具体指导,以提高其挫折适应能力。

2. 引导学生认识挫折,学会利用正确的挫折归因模式

要引导学生正确认识挫折的二重性影响,找出挫折产生的因素,如大学生人为地夸大某一方面的原因就很容易使其走向极端,而无助于克服挫折。如有的大学生把学习上的挫折归因于教师教得不好或归因于

自己的能力等,就无助于战胜挫折。

3. 允许学生发泄不满

精神分析理论认为,个体遭受挫折就会产生紧张、焦虑的情绪,这种情绪必须发泄出来,才能保持心理平衡。否则,随着挫折的增多,消极情绪的积累,就会诱发个体心理不健康,甚至精神失常。

4. 开展心理咨询

心理咨询就是通过咨询员对受挫者的个别谈话、出主意、提希望,把受挫者的消极心理反应消灭在萌芽状态。大学生正处在寻找自我同一性的时期,这一时期是挫折多发期,而大学生又缺乏挫折的处理经验。开展心理咨询工作,就能较确切地找到大学生的挫折原因,告知学生如何摆脱挫折,就能减少悲剧的发生,从而使大学生能以积极的态势适应环境。

五、掌握应对心理危机的技巧

(一)认知策略——转换视角

1. 转变不合理信念

不合理信念及不合理信念引发的不良情绪、压力事件,常常会发生在部分大学生的生活中。美国著名心理学家艾利斯提出了不合理信念的 ABC 理论,其主要观点是强调情绪或不良行为并非外部诱发事件引起,而是个体对这些事件的评价和解释造成的,即个体的不合理信念引发的。所以,大学生一定要转变不合理的信念,防止心理危机的发生。

2. 调整个人期待和抱负水平

大学生的心理压力也常常来自过分的竞争意识和抱负水平。将个人的竞争意识、抱负和期望值调整到中等偏上的水平有利于控制心理压力。向优秀同学看齐,但是不强求达到同样的标准。因此,大学生应该学会调整自身的期待水平,确立符合自身实际情况的目标,并去行动。

(二)生理策略——放松身心

为了提升个体的压力应对能力,大学生应尝试让自己的身心放松。大学生可以采取丰富自己的课余生活、体育锻炼、合理饮食、腹式呼吸、渐进式肌肉放松训练等生理调节策略。

(三)人际策略——寻求帮助

大学生应该加强与周围人的沟通与交流,积极参与人际交往活动,构建自己的社会支持系统。当大学生面临压力时,可以向周围的社会支持系统寻求帮助,如向导师、长辈寻求人生智慧;向朋友、同学寻求感情支持;向家人寻求精神归属;向专业人员寻求帮助。

(四)行为疗法

行为疗法又称行为矫正,是建立在行为学习理论基础上的一种心理疗法,行为疗法的常用疗法有以下几种。

1. 系统脱敏法

系统脱敏法是在患者身心松弛的条件下,按照轻重程度顺序将诱发反应的情境呈现给患者,让其逐渐习惯该刺激,消除敏感状态。系统脱敏法适应于治疗焦虑、恐惧等不良情绪。

2. 厌恶疗法

厌恶疗法用引起痛苦反应的非条件刺激与形成不良行为的条件刺激结合,使患者在发生反应的同时感到痛苦,从而对不良行为厌恶,使不良行为逐渐消退。常用的厌恶刺激有电击、药物、厌恶想象等,适合治疗酒瘾、吸烟、吸毒、性变态等不良行为。

3. 放松疗法

放松疗法按一定的练习程序,学习有意识地控制或调节自身的心理、生理活动,降低机体唤醒水平,调整那些因紧张刺激而紊乱的功能。放松疗法常与系统脱敏疗法结合使用,同时也可单独使用,可用于治疗各种焦虑性神经症、恐惧症,对身心疾病都有较好的疗效。近年来放松训练发展到五大类型。

第一,渐进性肌肉放松。

第二,自然训练。

第三,自我催眠。

第四,静默或冥想。

第五,生物反馈辅助下的放松。

(五)家庭治疗

家庭治疗是对家庭成员有规律的接触与交谈,促使家庭发生某些变化,使患者症状消除或减轻。家庭治疗一般分两步,先对家庭进行诊断评价,了解家庭相互作用模式、社会文化背景、家庭对患者症状的作用及解决方式等,然后进行定期访谈和布置家庭作业。家庭治疗尤其适合于因家庭因素导致的心理行为问题的青少年,例如学习困难、学校恐惧症、社会性退缩等。

(六)精神分析法

精神分析法是由弗洛伊德创立的,治疗的目标是分析患者所暴露或压抑在潜意识中的心理意念,使患者意识到问题的根源。主要通过自由联想、梦的分析等心理技术使患者潜意识里的冲突上升到意识中,一旦患者领悟,疾病就会消退。

自由联想的方法是指每次会谈时,让患者选择自己想谈的题目,例如兴趣爱好等,随脑中涌现的念头脱口而出。患者沉浸在往事回忆中时,内心深处无意识的闸门会不由自主打开,所谈的事情往往带有情绪色彩。患者有时突然出现不语、转题、冲动行为,这是患者的心理症结所在,这时要用同情的语调引导患者,让伴有严重焦虑和冲突的事情进入其意识中,将压抑的情感宣泄出来。

梦的分析是精神分析常用的疗法。弗洛伊德认为,梦是潜意识欲望冲突的象征,做梦是为了避免被他人察觉,以象征的安全的方式避免焦虑的产生。因此,对梦的分析可发现这些象征的真正含义,找到解决冲突的方法。

参考文献

[1]胡佩诚.大学生心理健康[M].杭州:浙江大学出版社,2011.

[2]简鸿飞.大学生心理健康[M].北京:北京理工大学出版社,2010.

[3]曾凡星,刘端海.大学生心理健康[M].济南:山东人民出版社,2009.

[4]陈文宝,王富君.大学生心理与辅导[M].北京:中国商业出版社,1994.

[5]江伟康.大学生健康教育读本(第2版)[M].上海:上海医科大学出版社,1998.

[6]孔燕,江立成.大学生心理健康教育[M].合肥:安徽人民出版社,1998.

[7]敖凌航,张少平.大学生心理健康[M].武汉:武汉大学出版社,2011.

[8]李志,陶宇平.大学生心理及其调适[M].重庆:重庆大学出版社,1998.

[9]齐斯文,贺一明,吴迪.大学生心理健康[M].长春:吉林出版集团股份有限公司,2018.

[10]瞿珍.大学生心理健康[M].上海:华东理工大学出版社,2018.

[11]饶淑园,赖美琴.大学生心理健康[M].广州:暨南大学出版社,2014.

[12]孙桂君,李艳秋,刘学伟.大学生心理健康[M].哈尔滨:东北林业大学出版社,2007.

[13]李志凯.大学生心理健康[M].成都:电子科技大学出版社,2017.

[14]梁丽娟,杨清荧.大学生心理健康[M].延吉:延边大学出版社,2017.

[15]刘立东,王春荣.大学生心理健康导引[M].大连:大连理工大学出版社,1994.

[16]万志全,杨秀英,吕倜然.大学生心理健康[M].沈阳:东北财经大学出版社,2016.

[17]王爱红.大学生心理与健康[M].北京:北京医科大学,中国协和医科大学联合出版社,1998.

[18]郑冬冬.大学生心理健康[M].重庆:重庆大学出版社,2014.

[19]周春明,徐萍.大学生心理健康[M].北京:北京理工大学出版社,2009.

[20]许科红,王建国,许二平.大学生心理素质培养[M].长春:吉林科学技术出版社,1998.

[21]王玉杰.大学生心理健康[M].北京:北京工业大学出版社,2018.

[22]吴畏.大学生心理健康[M].苏州:苏州大学出版社,2009.

[23]夏小林,李晓军,李光.大学生心理健康[M].杭州:浙江大学出版社,2011.

[24]张运生.大学生心理健康[M].开封:河南大学出版社,2009.

[25]张玉芝,周兰芳.大学生心理健康[M].北京:北京理工大学出版社,2017.

[26]陈庆良,丁昭福,刘明颧.大学生心理学[M].贵阳:贵州教育出版社,1995.

[27]余金明,姜庆五.现代健康教育学[M].上海:复旦大学出版社,2019.

[28]刘建锋,石静.大学生心理健康教育[M].上海:上海交通大学出版社,2020.

[29]袁敏.大学生职业生涯规划 职业素养与能力篇[M].北京:北京理工大学出版社,2020.

[30]张海婷.高职大学生心理健康教育[M].北京:北京理工大学出版社,2020.

[31]罗品超,王瑞明.大学生心理危机干预理论与技术[M].广州:广东高等教育出版社,2019.

[32]张金明,蒲文慧,陆时莉,等.大学生心理健康教育[M].北京:北京邮电大学出版社,2011.

[33]由新华,年星,王迪,等.高校心理健康教育教程[M].北京:新华出版社,2015.

[34]臧平,张金明,矫宇,等.大学生心理健康教育[M].北京:高等教育出版社,2012.

[35]张冬梅,谷丹.大学生心理健康教育[M].北京:北京邮电大学出版社,2018.

[36]魏双锋,孙俊芳.大学生心理健康教育[M].成都:电子科技大学出版社,2017.

[37]唐俊兵,刘磊,周璠.大学生心理健康实用教程[M].北京:中国书籍出版社,2012.

[38]李艳.大学生心理健康教育[M].北京:北京邮电大学出版社,2017.

[39]李如意.大学生人生导论[M].沈阳:东北大学出版社,1994.

[40]谭书敏,许义文,孙洪义,等.大学生思想道德修养问题概要[M].成都:西南交通大学出版社,1998.

[41]王艳.高等教育管理与大学生心理健康教育[M].成都:电子科技大学出版社,2017.

[42]成梅,肖曙辉.大学生心理健康教育[M].湘潭:湘潭大学出版社,2009.

[43]张建平,李璐.心理健康指导手册[M].北京:国家行政学院出版社,2013.

[44]王萍,刘晓明.大学生心育导论[M].长春:吉林大学出版社,1995.

[45]史克学,张喜琴.大学生心理健康教育[M].北京:科学技术文献出版社,2006.

[46]陶国富,王祥兴.大学生恋爱心理[M].上海:华东理工大学出版社,2002.

[47]朱卫嘉.大学生心理素质培养与训练[M].成都:西南交通大学出版社,2002.

[48]陈磊.大学生成才修养[M].武汉:武汉工业大学出版社,1994.

[49]莫雷,颜农秋.大学生心理教育[M].广州:暨南大学出版

社,1996.

[50]孟荣花.大学生心理学[M].郑州:河南人民出版社,1994.

[51]薛志芬.大学生心理健康教程[M].北京:中国科学文化出版社,2003.

[52]陈美松,曾文雄,钟碧来.大学生心理健康教育教程[M].合肥:中国科学技术大学出版社,2007.

[53]肖海雁.当代大学生心理危机透析[M].北京:群言出版社,2005.

[54]何晶,于丹丹.大学生心理健康教育 健康 快乐 成才[M].北京:北京理工大学出版社,2011.

[55]王晋.大学生心理健康[M].北京:北京大学出版社,2006.

[56]赵洪成,桑小洲,解庆福,等.快乐成才 高职生心理健康教育[M].北京:北京理工大学出版社,2011.

[57]韩克文,马晓风.心理健康教育[M].重庆:西南师范大学出版社,2016.

[58]周家华,王金凤.大学生心理健康教育[M].北京:清华大学出版社,2010.

[59]张晓舟,骆焕国,王海东,等.大学生心理健康教育[M].武汉:华中师范大学出版社,2013.

[60]邬劲青,涂威,李昭华,等.高职生心理健康教育[M].北京:北京理工大学出版社,2014.

[61]肖本强,赵洪成,桑小洲,等.大学生心理健康教育应用教程[M].北京:北京理工大学出版社,2013.

[62]陈国梁,唐慧敏.大学生心理健康教育[M].广州:华南理工大学出版社,2003.

[63]欧阳辉,闫华,林征.大学生心理健康应用教程[M].沈阳:辽宁教育出版社,2010.

[64]邵政,郭兆良,王涛济,等.高职高专十三五规划教材 大学生心理健康教育[M].南京:南京大学出版社,2016.

[65]郭忠芳,周华.大学生心理健康教育与训练[M].北京:北京理工大学出版社,2016.

[66]刘晓明.大学生理素质教育[M].长春:吉林人民出版社,2005.

[67]杨欢欢.大学生心理健康教程[M].北京:北京理工大学出版社,2016.

[68]倪海.大学生心理健康教育[M].成都:西南财经大学出版社,2008.

[69]李焱,马萧.大学生心理健康教育[M].武汉:中国地质大学出版社,2015.

[70]栾贻福,郑立勇,周晶,等.大学生心理健康教育[M].广州:华南理工大学出版社,2018.